생각하며 산다는 것

The Thinking Life: How to Thrive in the Age of Distraction
Copyright ⓒ 2011 by P. M. Forni
All rights reserved.

Korean Translation Copyright ⓒ 2012 by Book21 Publishing Group.
Korean edition is published by arrangement with St. Martin's Press, LLC
through Imprima Korea Agency.

이 책의 한국어판 저작권은 Imprima Korea Agency를 통해 St. Martin's Press, LLC와의 독점계약으로 (주)북이십일에 있습니다. 저작권법에 의해 한국 내에서 보호를 받는 저작물이므로 무단전재와 무단복제를 금합니다.

생각하며 산다는 것

산만한 세상에서 깊이 있게 사는 법

P. M. 포르니 지음
임현경 옮김

버지니아에게, 언제나

저자 서문

잘 살고 싶다면
생각하라

우리는 산만한 시대를 살고 있다. 우리의 삶은 시시한 TV 프로그램, 거만한 권위자들, 목소리 높은 라디오 토론 프로그램 참가자들, 10초짜리 잡다한 뉴스들, 유명 인사들에 대한 숭배의 백색 소음으로 둘러싸여 있다. 그럴수록 사색과 자기 성찰에 대한 요구는 더욱 중요하다. 이제 잠시 멈춰 생각해야 할 때다. 그리고 도덕적 잣대에 따라 미래를 설계해야 한다. 그것이 가장 인간다운 삶의 방식이다.

―폴 키팅

호수에 드리운 아침 안개가 걷혀 가듯 고요히 앉아 사물이 명확해지길 기다리는 데에는 어느 정도 타당한 이유가 있다.

―조지 휘트

생각하는 삶의 가치를 되찾아야 한다는 발상이 머릿속에서 점차 무르익던 어느 날이었다. 나는 급히 몇 단락을 써 내려갔고, 그 몇 단락에 반드시 이 책을 집필해야 하는 이유가 있다. 다른 은하계에서 지구를 방문한 사람이 쓴 평범한 보고서 형식이었는데, 도중에 다른 프로젝트에 대해 고심하는 동안 잠시 잊고 있다가 어느 날 문득 다시 발견했다. 그 글은 다음과 같다.

지구에서 보낸 첫 주가 끝나 가고 있으니 이제 내가 발견한 지구인들의 이해하기 힘든 점에 대해 보고하겠다. 이전 보고서에서 내가 모든 인간이 갖고 있는 능력이라고 묘사했던 것을 기억할 것이다. 자기 자신의 내면과 대화할 수 있는 바로 그 능력 말이다. 이 내면의 대화를 지구인들은 '생각' 혹은 '사고'라고 부르며 이를 통해 그들은 자신을 둘러싼 세상을 이해하고 삶을 헤쳐 나갈 가장 적절한 방법을 찾는다. 지구에서의 삶에 대해 확신할 수 있는 게 한 가지 있다면 행복이라는 가장 탐나는 덕인데, 그 행복은 훌륭한 삶을 통해 얻을 수 있다. 그러니 훌륭한 삶의 밑바탕이 되는 훌륭한 사고가 얼마나 중요한지 이제 제대로 이해할 수 있을 것이다.

한 가지 이해하기 힘든 점은 인간들이 그처럼 중요한 능력에 대해 그다지 신경 쓰지 않는다는 점이다. 어떻게든 생각을 회피하려는 지구인들을 보면 어떤 은하계 여행자라도 나처럼 충격을 받을 것이다. 지구인들은 진지한 사고보다는 아무 생각도 필요 없는 오락거리나 쓸데없는 정보를 주고받는 데 훨씬 많은 시간을 투자한다. 깊이 있는 이해의 부족에서부터 역경에 대한 준비의 부족까지 어떤 상황에서도 지구인들의 비탄과 슬픔의 가장 큰 원인은 바로 사고의 부재다.

이제 막 인간들의 삶을 경험해 보기 시작한 나조차도 현명한 결정을 내리기 위해서는 반드시 훌륭한 사고가 수반되어야 한다는 사실을 분명히 깨달을 수 있었다. 그렇다면 아이들의 그런 능력을 키워 주는 것이 부모의 가장 큰 임무여야 하지 않을까? 학교에서도 이를 중요하게 다뤄야 하지 않을까? 하지만 그렇지 않다. 그래서 인간들에게 훌륭한 사고는 제2의 천성이 되지 못한다. 사고의 부재로 인해 인간들은 충분한 준비 없이 삶의 갈림길에 서게 되고, 그 상태로 남은 삶의 질을 좌우하게 된다. 요약하자면 인간의 독특한 특성 중 하나는 바로 끊임없이 사소한 것을 추구하려는 경향인데, 그 때문에 인간들은 더 중요한 일에 쏟아야 할 엄청난 시간과 에너지를 낭비한다.

자기도 모르게 삶을 낭비하는 지구인들의 모습을 지켜보는 것은 실로 슬픈 일이 아닐 수 없다. 그리고 그들이 그렇게 될 수밖에 없는 이유는 바로 진지한 사고를 회피해 왔기 때문이다. 그렇다면 지구인들은 과연 무엇을 통해 그 문제의 심각성을 깨닫고 그런 생활양식을 바꾸기 위한 진지한 노력을 기울일 수 있을까?

자, 나는 아무도 보지 않을 때 뉴저지 주 파라무스에 다른 행성의 외계인들이 정기적으로 찾아온다고 믿는 사람이 아니다. 사실 나는 공상 과학 소설도 좋아하지 않는다. 하지만 익숙한 풍경이 가끔 주의를 끌지 못한다는 사실은 알고 있다. 일상에 묻혀 쉽게 눈에 띄지 않는 것들이 낯선 사람의 눈에는 잘 보일 수 있다. 여기서 그 낯선 사람은 바로 다른 은하계에서 온 여행자다. 그는 인간이 스스로 필요한 만큼 충분히 사고하지 않는다는 사실조차 깨닫지 못하고 있다는 것에 충격을 받는다. 나는 그런 상황을 바꿀 수 있는 몇 가지 제안을 하기 위해 이 책을 집필했다. 내가 바라는 것은 최대한 많은 사람들이 진지한 사고에 대해 진지하게 생각하는 것이다.

산만함이 삶의 일부가 된 이 시대에 내가 하고 싶은 말은 아주 간단하다. "잘 살고 싶다면 생각하라." 이를 위해 나는 아리스토텔레스, 에픽테토스, 플라톤, 마르쿠스 아우렐리우스 등 고대의 위대한 사상가 몇 명의 도움을 빌릴 것이다. 나는 고전을 중시하는 교육을 받았고 고대 사상가들의 존재에 편안함을 느끼며, 그들의 사상에서 오늘날 우리 삶에 도움이 되는 교훈을 찾는 데 즐거움을 느낀다. 인간 삶의 본질은 지난 2500여 년 동안 변하지 않았고 아테네와 로마가 우리에게 물려준 감동적인 지혜는 아직까지도 매우 유효하다. 누군가 우리에게 완벽하게 제 기능을 다하는 바퀴를 준다는데 굳이 새바퀴를 만들 이유가 무엇이겠는가?

나는 이 책에서 생각하는 습관과 사고의 기술에 대한 가장 기본적이고 중요한 내용에 대해 소개할 것이다. 훌륭한 삶은 결국 생각하는 삶이다. 양지바른 해변에 도달하기 위해서는 생각이라는 고속도로를 달려야 한다. 쉽게 잡을 수 없는 삶의 정수, 즉 진정한 행복에 도달하기 위한 첫 단추는 바로 생각하는 삶이다. 그리고 여러분이 그 첫 단추를 잘 꿸 수 있도록 돕는 것이 바로 나의 즐거운 임무다.

차례

저자 서문_ 잘 살고 싶다면 생각하라 • 6

프롤로그_ 진지한 사고에 대한 진지한 생각 • 17

01 사고하지 않는 이유, 사고가 필요한 이유 • 29
꼭 필요한 일만 하기 | 사고는 피곤하고 힘든 일
산만함의 시대 | 낭비된 시간

02 생각할 시간 찾기 • 41
생각할 시간을 버는 7가지 팁 | 온라인에서 멀어지기

03 집중: 의식 그 이상 • 56
집중의 영향력 | 관심과 사고의 상관관계 | 지금 이 순간에 존재하는 것
일, 몰입의 효과 | 삶의 한가운데

04 숙고: 삶을 돌아보는 기술 • 73

헤라클레스의 선택 | 심사숙고의 의미 | 타인의 실수에 집중하는 이유
다른 사람의 말에 귀 기울이기

05 성찰: 성공을 위한 자기 인식 • 84

너 자신을 알라 | 힘과 즐거움을 주는 강점들 | 자기 성찰이라는 여정의 시작
시계형 인간, 풍향계형 인간 | 자기 성찰, 비난이 아닌 이해

06 절제: 삶을 풍요롭게 하는 힘 • 101

어느 것도 지나치지 않게 | Just Do It? | 도덕적 삶에서 감정적 삶으로
타인을 돕는 것이 곧 자신을 위한 것 | 절제 없이는 불가능한 것들
강요할 수 없는 것에 대한 복종 | 자제력을 키우는 법 | 절제와 자기표현
부드러움의 강력한 효과 | 우아한 자기 통제 | 즐거움과 행복의 차이

07 긍정의 힘 • 129

긍정의 의미 | 문제를 인정하고 받아들이기 | 긍정적인 태도를 유지하는 법
걱정은 출구 없는 미로 | 태도와 관계의 본질

08 주도적인 태도 • 145

긍정적이고 가치 있는 책임감 | 신중한 태도 | 학습 태도의 기술
사업 태도의 기술 | 주도적인 자기 관리 | 주도적인 태도의 이점
주도적인 태도를 키우는 법 | 준비한 자의 월계관

09 현명한 결정 • 162

파리스의 심판 | 삶은 선택의 연속이다 | 어리석은 선택의 합리화
현명한 결정을 내리는 법 | 현명한 선택과 쉬운 선택
저항이 큰 쪽을 선택하는 의지 | 자갈길에서 맛보는 즐거움
감정은 사실보다 힘이 세다 | 자신에게 가장 진실해야 하는 이유

10 통찰력, 발견, 창조성 • 192
'유레카!'의 순간 | 심사숙고 뒤의 번뜩이는 직관 | 편협한 관점에서 벗어나기
아무도 가지 않은 길 | 진부한 규칙의 위반자들
미로를 벗어나 통찰에 이르는 길

11 역경에 대처하기 • 208
살아 있는 한 계속 살아야 한다 | 통제할 수 있는 일, 통제할 수 없는 일
역경을 통해 배우는 것들 | 회복 탄력성을 높이는 법

12 사려 깊은 태도 • 223
그래도 살 만하다고 느끼는 순간 | '생각이 많다'의 두 가지 의미
자존심을 건드리지 않는 재치 | 타인의 가치 인정하기
말하기 전에 생각하기 | 생각 없이 한 행동의 후폭풍
관계 맺기의 능력자가 되려면 | 무슨 말이든 하려 드는 그릇된 충동
필요 이상으로 상처 주는 말들 | 계단에서 떠오르는 위트
자기 의심의 구렁텅이 | 사려 깊은 리더

에필로그_ 우리는 생각의 산물이다 • 247

프롤로그

진지한 사고에 대한 진지한 생각

2009년 초를 기준으로 미국 내 평범한 휴대전화 이용자는 한 달에 약 400건의 문자 메시지를 주고받는데, 이는 2006년과 비교할 때 네 배 이상 증가한 수치다. 미국의 평범한 10대는 한 달에 무려 2272건이라는 엄청난 양의 문자 메시지를 주고받는다. 전 세계적으로 매년 2조 건 이상의 문자 메시지가 교환되는데, 이는 음성 통화 횟수를 훨씬 상회하는 수치다. …… 우리가 인터넷을 하는 데 사용하는 시간이 흔히 TV를 보던 시간과 대체되었을 거라고 생각하는 사람이 많을 것이다. 하지만 조사 결과는 그와 정반대다. 미디어 활동에 관한 대부분의 연구는 인터넷 사용이 증가함에 따라 TV 시청 시간은 예전과 같은 수준이거나 심지어 증가했다는 결과를 보인다. -니콜라스 카

한 사회의 경쟁력과 더 나은 미래에 대한 가능성이 과연 기술의 발전에만 뿌리를 두고 있을까? 디지털 도구가 얼마나 빠르냐 하는 것보다 도구를 어떻게 사용하느냐가 더 중요하지 않을까? 디지털 네트워크를 추구할수록 더 창의적이고 똑똑해질까? 서로를 더 잘 이해할 수 있을까? 모두들 '하이퍼 커넥티드'가 된다면 가족과 지역 사회의 유대감이 더 강해질까? 더 나은 조직을 세우고 더 풍요로운 삶을 살 수 있을까? 무엇보다 위에서 언급한 모든 목표를 달성하는 데 가장 필요한 업무 사이의 시간적 공백과 마음의 여유를 없애는 데 온 힘을 기울인다면 저 많은 목표 중 과연 하나라도 달성할 수 있을까? -윌리엄 파워스

집중의 위기

2008년 7월 말, 백악관을 향한 경주가 막바지에 달했을 때 탈

진하기 직전의 대통령 후보 오바마는 정치가로서 자신의 신뢰도를 높이기 위해 유럽 국가 순방에 나섰다. 오바마가 런던에서 토리당 지도자 데이비드 캐머런을 만나는 동안 ABC 방송국의 생방송 뉴스 붐 마이크에는 두 사람의 비공식적이고 사적인 대화가 담겼고, 그 솔직한 대화는 곧 전 세계로 퍼져 나갔다. 캐머런이 미국에서 온 방문자의 살인적인 업무 일정에 대해 우려를 표하자 오바마는 다가오는 8월의 짧은 휴가에 대해 언급한 다음 여유로운 시간 부족에서 생각하는 시간 부족으로 화제를 바꾸었다.

맞습니다. 클린턴 전 대통령은 아니지만 그의 측근으로 백악관에서 일했던 누군가가 성공하기 위해서는 하루 중 오직 생각만을 위한 시간을 충분히 갖는 것이 가장 중요하다고 말했죠. 저 역시 그 말에 동의합니다.

대통령 후보 오바마는 자신에게 가능한 미래를 살짝 엿보며 생각할 시간의 필요성에 대해 강조했다. 그것도 잠깐이 아니라 '상당한 시간'으로. 그리고 그는 분주함이라는 해일에 휩

쓸려버리는 것이 대통령으로서 가장 피해야 할 행동 중 하나라고 말했다. "그렇게 되면 실수를 하기 시작할 뿐만 아니라 큰 그림을 놓치게 됩니다." 현명한 결정을 내리는 것이 좋은 정치의 핵심이며 그 결정은 훌륭한 사고의 결과라는 점에 대해 두 지도자는 동의했다.

그렇다면 대통령 후보였던 오바마는 백악관의 주인이 된 후에도 생각할 시간을 충분히 가졌을까? 물론 자기 자신과의 약속을 지키는 것은 대통령뿐만 아니라 모든 사람에게 유익하지만 몹시 힘든 일이다. 훌륭한 사고는 쉽게 이뤄지는 것이 아니라 노력과 헌신이 따라야 하는 일이기 때문이다.

새로운 1000년의 첫 10년 동안 디지털 미디어는 우리 삶의 방식을 바꿔 놓았다. 사람들은 날마다 자기 부모와 조부모들이 상상조차 하지 못했던 일들을 하며 대부분의 시간을 보낸다. 하지만 불행하게도 '깊이 있는 사고'는 그 디지털 혁명의 가장 큰 피해자가 되고 말았다. 진지하고 복잡한 내용은 무엇이든 다 있는 백과사전인 인터넷에 자리를 내주고 말았다. 하지만 인터넷은 우리를 산만하게 만들기도 하고 우리의 집중력을 방해하기도 한다.

의사소통은 본질적으로 좋은 것이라는 생각이 분명한 진리인 양 우리 문화에 만연해 있는지도 모른다. 그것이 바로 우리가 온라인에서 많은 시간을 보내는 이유이기도 하다. 하지만 이는 몹시 불행한 일이다. 왜냐하면 의사소통이라는 행위에는 가치를 두면서 정작 그 내용에 대해서는 무관심하기 때문이다. 하루 중 사용할 수 있는 시간은 제한적이며, 온라인에서 낭비하는 시간을 자애로운 인터넷 요정이 되돌려 주지도 않는다.

수많은 사람들이 사소한 내용을 검색하고 소셜 미디어의 사진을 바꾸느라 시간을 낭비하면서도 진지한 사고를 위한 단 몇 분의 시간을 아까워하는 것은 몹시 안타까운 일이다. 물론 트위터를 통해서도 통찰력이 전해질 수는 있지만 진정한 자신을 발견하고 자신의 가치에 부합하는 삶을 살며, 실수를 통해 배우고 미래를 계획하고 싶다면 방해받지 않는 사색과 자기 성찰이 반드시 필요하다.

온라인에서의 의사소통을 주도하는 것은 대부분 기술이다. 우리는 필요하기 때문이 아니라 할 수 있기 때문에 소통하기도 한다. 그렇게 함으로써 우리는 무엇에 시간을 투자하느냐에 따라 삶이 달라질 수 있다는 사실을 쉽게 잊는다. 가상공간에서 시간을 보내는 것은 우리의 생각보다 가치 없는 일이며, 진지한 사고 없이는 진실로 가치 있는 삶을 살 수 없다.

그렇기 때문에 우리는 의사소통의 내용보다는 그 자체가 훌륭하다고 여기는 개념에 대해 다시 생각해야 한다. 중요한 것과 중요하지 않은 것을 의식적으로 구분하는 습관을 들이고 그에 따라 시간을 활용해야 한다. 노먼 커즌스는 이렇게 말한다. "미국인들은 가장 중요한 것 한 가지만 제외하고 필요한 것은 전부 갖고 있다. 그 한 가지는 바로 사고하는 습관과 시간이다."

과장이라고 생각할지도 모르겠지만 그 말에는 현재 우리 삶의 심각한 문제가 담겨 있다. 우리는 즐거움과 재미를 좇으려는 유혹을 뿌리쳐야만 가치 있고 보람 있는 삶을 위한 가장 중요하고 결정적인 단계를 밟을 수 있다.

검색 VS 기억

우리가 인터넷에 중독되는 속도보다 훨씬 빠르게 집중력을 잃어 가고 있다는 증거가 속속 드러나고 있다. 인터넷에 접

속해 있을 때 우리의 뇌는 기억이 아니라 검색에 최적화된다. 그 상태에서 뇌의 신경 연결 회로는 단지 우리가 실행하라고 명령한 인지 업무만 실행한다. 뇌의 신경 회로가 기억을 위한 '노력'을 기울이지 않으면 그 '능력'은 퇴화하고 만다.

우리는 기억 능력을 인터넷에 의존하지만 기억 능력은 단순히 기계에게 맡길 수 있는 수동적인 저장 능력이 아니다. 머릿속에 적극적으로 지식을 축적해야 그 지식들 간의 연관관계를 추적할 수 있고 이를 통해 세상을 이해할 수 있다. 뉴턴의 만유인력 발견이나 프루스트의 위대한 소설 역시 그 덕분이었다. 의사들 역시 머릿속에 저장되어 있는 지식의 연관 관계에 의지해서만 정확한 진단과 예측, 효과적인 치료법을 찾을 수 있다.

인터넷이라는 디지털 금고에 언제든 손쉽게 접근할 수 있는 현실은 축복이며 동시에 저주다. 우리는 연속적이고 빠르지만 깊이 없는 검색에 몰입해 있으며 이를 통해서는 지식들 간의 복잡하고 미묘한 차이를 제대로 파악할 수 없다. '서핑'과 '클릭'으로 정보의 조각을 찾아 헤매는 디지털 세상에 장악될수록 우리는 깊이 있는 읽기를 가능하게 하는 집중력을 잃을 위기에 처한다. 그래서 어쩌면 『전쟁과 평화』나 『모비딕』 같은 작품을 더 이상 끝까지 읽을 수 없을지도 모른다.

그게 그렇게 한탄할 일인가? 당연히 그렇다. 깊이 있는 읽기가 불가능한 사람은 깊이 있는 사색 또한 불가능하기 때문이다.

그렇다면 다음과 같은 질문이 필요할지도 모른다. "구글이 우리를 바보로 만드는가?" 이 질문은 니콜라스 카가 쓴 중요한 논문의 제목이기도 하다. 이 질문에 대한 그의 대답은 당연히 "그렇다"였으며, 그는 자신의 저서 『생각하지 않는 사람들』에서 그 답에 대해 자세히 설명했다. 물론 '그렇다'는 대답이 널리 인정받으려면 앞으로 몇 년이 더 걸릴지도 모른다.

그렇다면 그동안 디스트랙션의 문화 속에서 우리를 보호해 줄 진지한 사고를 재발견하고 이를 받아들이는 것이 괜찮은 해결책이 될 것이다. 오늘날엔 디지털 안팎의 삶에서 한정된 뇌의 역량으로 받아들여 정리해야 할 내용이 너무 많다. 기술 혁신의 엄청난 속도로 인해 우리는 점차 무서울 정도로 복잡해지는 세상에서 새로운 기술을 배우기 위해 발버둥 친다.

그 복잡한 세상이 절대적인 것에 대한 결핍만큼 우리를 짓

누른다. 많은 사람들이 확신하고 의지하는 한 가지는 바로 확실한 것은 없다는 사실이다. 하지만 그런 회의주의는 필요 없을 뿐만 아니라 우리를 불행하게 만든다. 정말 중요한 것이 무엇이냐는 질문에 대한 답은 구글의 시대나 소크라테스 시대나 크게 다르지 않을 것이다.

훌륭한 삶의 구성 요소는 2000년 전에도 분명했다. 훌륭한 삶은 건전한 자존감으로 일구어지고 긍정적인 사고방식으로 반짝이며, 사랑스런 가족과 변치 않는 친구들로 따뜻하고 자기에게 알맞은 도전 과제가 바탕이 되며, 자신보다 더 큰 무언가를 위한 헌신에서 의미를 찾는 것이다. 행복은 훌륭한 삶의 결과이며 훌륭한 삶은 곧 진지한 사고의 결과라는 사실을 우리는 잘 알고 있다.

그렇다면 훌륭한 사색가가 되는 것은 곧 모든 인간이 원하는 상태, 즉 지그문트 프로이트가 언급했던 "지속적인 행복의 상태"를 성취하기 위한 전제조건이다. 여기서 '사색가'라는 말은 철학자를 뜻하는 것이 아니라 훌륭한 사고가 삶의 일부가 된 모든 사람을 일컫는다. 소크라테스는 이렇게 말했다. "음미하지 못하는 삶은 가치 없는 삶이다." 물론 자기 신념에 충실하기 위해 죽음을 택했던 그 위대한 사상가의 말을 제대로 이해하는 사람이 있는가 하면 그렇지 못한 사람도 있을 것이다. 하지만 이성 탐구에 자신의 삶을 바쳤던 그의 의지만큼은 반박하기 힘들 것이다. 그것이 바로 훌륭한 판단의 뿌리이다.

이성에 대한 탐구 없이는 어떤 삶도 불완전하고 위태롭다. 하지만 우리는 할 수 있는 만큼 생각하려고 노력하지 않는다. 그리고 그 상태는 거의 예술의 경지에 이르렀다. 수백억 달러에 달하는 연예 산업은 근본적으로 사고 회피에 중독된 인류의 토대 위에 세워져 있지 않은가.

생각하는 삶을 살기 위해서는 능동적이고 활발한 사고를 향한 폭넓은 헌신이 필요하다. 생각하는 삶을 선택하면 다음과 같은 일들이 가능하다.

- 늘 먼저 생각하게 된다. 말이나 행동을 하기 전에 이를 위한 가장 좋은 방법과 그 말과 행동이 초래할 결과에 대해 먼저 생각한다.
- 세상에 전념하지 못하는 자기 상태에 주의를 기울이게 된다.
- 사소한 일에 쏟았던 시간을 상당히 줄일 수 있다.

- 방해받지 않는 진지한 자기 성찰과 사색의 시간을 가질 수 있다.

내가 이 책에서 말하는 생각은 대개 비판적인 생각을 뜻한다. 이성적이고 풍부하며, 결단력 있고 사색적인 생각이자 편견에서 자유롭고 논리적인 결론을 얻기 위해 노력하는 생각이다. 비판적으로 사고하는 사람은 자기 삶의 심사위원이자 늘 깨어 있고 삶에 주의를 기울일 준비가 되어 있으며, 모든 것에 흥미를 보이고 쉼 없이 '왜?'라고 물으며 깨달음의 과정을 즐긴다. 삶은 그런 사색가를 사랑하고 그들에게 후한 보상을 약속한다. 그렇기 때문에 이 책은 단지 훌륭한 사고를 위한 책이 아니라 생각하는 사람들을 위한 삶의 지침이다.

01
사고하지 않는 이유, 사고가 필요한 이유

우리는 그 어느 때보다도 삶의 하찮은 것들에 정신을 잃고 있다.

―매기 잭슨

꼭 필요한 일만 하기

스토아학파라는 명칭은 '스토아 포이킬레Stoa Poikile'라는 말에서 비롯됐다. 스토아 포이킬레는 고대 아테네의 심장부에 자리하고 있는 화려한 그림으로 널리 알려진 강당인데, 그 강당을 세운 제노가 그곳에서 철학을 강의했던 것으로 유명하다. 그리스 노예 출신으로 위대한 철학자가 된 에픽테토스와 로마 황제 마르쿠스 아우렐리우스도 바로 그곳에서 철학을 연마했다. 2000년이 지난 지금까지도 그들이 우리에게 전해 준 삶의 지혜와 원칙보다 더 훌륭한 것은 별로 없을 것이다.

그렇다. 기원전 3세기부터 기원후 첫 2세기까지 그리스와 로마에서 번성했던 스토아 철학에 관한 이야기이다. 스토아학파의 가르침에 따르면, 인간적인 모든 것의 절제와 모든 사람들에 대한 박애가 자연스럽고 합리적인 사물의 이치다. 그리고 그 이치에 따를 때에만 덕으로 충만한 삶을 살 수 있으며 그것이 바로 행복에 이르는 유일한 길이다.

사람들은 자신의 사고를 통해 선한 삶을 꾸릴 수도 있고 악한 삶을 꾸릴 수도 있다. 다시 말하면 삶은 우리 마음의 결과물이다. 자기계발서 저자들은 아마 이렇게 말할 것이다. "태도가 전부다." 물론 어느 정도는 자기 태도를 통제할 수 있기 때문에 그 말이 위로가 되기도 한다. 하지만 그 말이 위로가 되기도 한다. 스토아학파의 주장은 결국 다음과 같다. "삶은 자기 자신에게 달려 있다."

스토아학파는 삶의 평범하고 현실적인 면에 대해서도 빼놓지 않고 언급했다. 철학과 사랑에 빠졌던 황제 마르쿠스 아우렐리우스 역시 훌륭한 삶을 위한 지침서인 자서전을 통해 실수에서 배우기, 타인의 일에 신경 쓰지 않기, 분노 조절하기 등과 같은 일상적인 삶의 면면에 대해 언급했다. 그는 또한 집중해야 할 대상을 가능한 적게 유지하는 지혜에 대해서도 언급했다.

"꼭 필요한 일만 하고 사회적 동물로서 해야 할 일을 이성이 지시하는 정확한 방법으로 행할 수 있도록 자신을 통제하는 것이 더 낫지 않은가? 이를 통해 행복뿐만 아니라 만족감 또한 얻을 수 있다. 우리가 하는 말과 행동은 대부분 불필요하다. 그 모든 것을 제외하면 얼마나 많은 시간과 만족감을 얻을 수 있겠는가. 그러므로 우리는 언제나 이렇게 자문해야 한다. '그 말을 혹은 그 행동을 반드시 해야 하는가?' 그 질문을 통해 우리는 불필요한 행동을 없앨 수 있을 뿐만 아니라 불필요한 행동을 불러오는 쓸데없는 생각 또한 줄일 수 있다."

몇 가지 중요한 일만 잘 해결하고 필요할 때만 말하라. 그 행동의 경제학에 담긴 지혜는 1000년의 세월이 흐르는 동안에도 조금도 그 빛이 바래지 않았다. 사실 그 지혜는 그 어느 때보다 바로 지금 이 시대에 필요하다. 현대 사회에 만연한 나르시시즘과 자기표현 숭배는 끊임없이 불필요한 말들을 만들어낸다. 그런 행동은 쉽게 사라지지 않으며 우리는 보통 쓸데없는 행동을 줄이지 않고 더 늘리면서 행복을 추구한다.

우리는 소비의 미덕을 떠받들며 더 많이 원하고 더 많이 얻기 위해 더 많이 행동한다. 하지만 결국 그런 결정이 얼마나 잘못되었는지 곧 깨닫는다. 마르쿠스 아우렐리우스는 우리에게 그 반대를 권한다. 그는 많은 것이 적은 것보다 언제나 더 나은 것은 아니라는 사실을 일깨워 준다. 실제로 우리는 결핍을 통해 정말 중요하고 필요한 것을 더 많이 얻을 수 있다.

사고는 피곤하고 힘든 일

생각을 하면 뇌에서 도파민이 분비되어 쾌락을 느끼기도 하지만 사고는 보통 몹시 힘든 일이다. 한동안 골똘히 생각을 하다보면 도파민과 글루코오스 수치가 감소하고 정신적 피로감이 몰려든다. 그래서 많은 사람들이 사고는 피곤한 일이라는 생각을 진지한 사고를 회피하기 위한 핑계로 사용한다.

물론 태생적으로 생각하기 좋아하는 사람들도 있다. 성격

형성 단계 또한 이에 영향을 미친다. 가족들과 친구들이 진지한 사고의 모범을 보여 주지 않는데 어떻게 진지한 사고를 배우겠는가. 어쩌면 자기 자신에 대해 너무 속속들이 알고 싶지 않기 때문인지도 모른다. 자신의 모습을 있는 그대로 비춰 주는 거울을 들여다보기 꺼리는 것처럼 말이다.

겸손은 배우고 싶은 마음을 자극해 기꺼이 사고하게 만든다. 하지만 불행하게도 자신에 대한 과장되고 무모한 자만심을 용납하고 심지어 조장하는 지금과 같은 시대에는 겸손한 사람이 몹시 드물다. 자기 자신에 대해 다 안다고 생각하면 진지한 자기 성찰은 물론 자기 모습에 대해 한 치의 의심도 하지 않게 된다. 눈앞에 놓인 문제가 너무 벅차다는 인식 또한 생각하고자 하는 의욕을 꺾는 또 하나의 요소다. 전 세계의 빈곤에 대해 관심을 가질 수는 있겠지만 자신의 힘으로는 진정한 변화를 불러올 수 없다고 느끼면 그 문제를 마음속 한구석으로 밀어내 다시는 생각하려 하지 않는다.

미국인들은 반지성주의를 옹호하는 경향이 있다. 행동하는 사람은 동경하지만 생각만 하는 사람은 경계한다. 특히 후자의 경우에서 생각의 결과가 암 치료법과 같은 실용적인 목적에 부합하지 않을 때는 더욱 그렇다.

쉽게 정의하기 힘들겠지만 미국인들의 확실한 특성 한 가지는 바로 책을 좋아하지 않는다는 것이다. 실제로 다른 나라와 비교했을 때 유난히 미국에서만 '책벌레'라는 말이 '별스러운'이라는 뜻을 담고 있다. 자기 아이가 책만 파는 사람이 되기를 바라냐는 질문에 열정적으로 '그렇다!'고 대답하는 부모는 거의 없을 것이다. 좋은 머리를 가지고 태어났어도 가까운 사람들과 사회의 전반적인 분위기 때문에 훌륭한 사상가가 되기 힘든 경우도 있다.

그렇다면 생각하는 삶을 위해서는 세상과 거리를 두고 은둔해야 하는가? 아니다. 다만 그 활동적인 삶에 진지한 사고를 두 팔 벌려 받아들일 수 있는 해결책을 찾아야 한다. 그렇다면 문제는 '생각할 시간'이다.

산만함의 시대

현대 사회를 이해하고 싶은 사람이라면 누구나 반드시 읽어야 할 책 중 하나가 윌리엄 파워스의 『속도에서 깊이로』다. 이 책의 서문에는 흥미로운 이야기 한 구절이 실려 있다. 저자의 친구 마리에 관한 이야기로, 그녀는 미국으로 온 지 얼마 안 된 새내기 이민자로 한창 영어를 배우고 있었다. 그가 마리에게 잘 지내느냐고 물을 때마다 그녀는 "바빠, 정말 바빠!"라고 대답했다. 그녀가 언제나 활짝 웃는 모습으로 늘 똑같은 대답을 하는 것을 보고 파워스는 이렇게 생각했다. '그녀는 너무 바쁘다고 말하면서도 기분이 좋아 보인다. 사실 몹시 신이 나 보인다.' 얼마 후 그는 마리가 '바빠, 정말 바빠'라는 말을 달고 사는 미국인들을 보면서 그 대답이 '잘 지내요. 고마워요'와 같은 예의바른 대답인 줄 알고 있다는 사실을 깨달았다.

당신이 마지막으로 자리에 가만히 앉아 오직 생각만 했던 때는 언제인가? 가장 가까이 있는 컴퓨터 모니터에 정신을 팔지 않고 떠올랐다가 사라지는 진지한 사고의 흐름과 신경 세포들의 콧노래에 온전히 자신을 맡겼던 때는 언제인가? 잘 기억나지 않는가? 아마 많은 사람들이 그럴 것이다. 대부분의 사람들에게서 삶을 긍정적으로 변화시키는 진지한 사고가 줄어들고 있다. 천혜의 습지가 도시 확장으로 점차 줄어드는 것처럼 말이다.

직장에서도 단기적 목표를 위해 날마다 아등바등하다 보면 큰 그림을 놓치기 쉽다. 안타깝게도 가장 현명한 사람들조차 일을 생각 없이 해치워야 하는 대상으로 여긴다. 심지어 일하는 시간이 점차 증가해 우리는 여가 시간도 없이 주어진 일을 해치우는 데 급급하다. 그래서 예전에는 그나마 상쾌한 기분으로 깨달음을 얻었던 주말은 물론이고 시도 때도 없이 늘 피로를 느낀다. 성과에 중독된 사람들은 필요한 만큼 사고하지 못한다. 성과에 목매달수록 진지한 사고는 시간 낭비라고 생각하기 때문이다.

어쩌면 업무 과다로 만성 피로에서 벗어나기 힘든 미국인들에게는 가족이 마지막 안식처일지도 모른다. 하지만 여가 시간 부족은 그 안식처마저도 위태롭게 만든다. 맞벌이 부부와 편 부모 가정은 늘 시간에 쫓긴다. 요리, 청소, 아이들 등교 준비와 같은 단순하고 평범한 일조차도 힘겹게 해치워야 할 버거운 일이 되고 만다. 4학년만 되어도 일정을 관리해야 하고 더 이상 맘껏 뛰놀기 힘든 현대 가족의 삶은 한마디로 '업무 과부하'라고 정의할 수 있다.

직장에서는 물론 집에서도 진지하게 생각할 시간을 갖기가 힘들어졌다. 훌륭한 사고를 위해서는 시간이 필요하지만 우리는 그럴 시간이 없다고 생각한다. 훌륭한 사고를 위해서는 에너지가 필요하지만 우리는 늘 피곤하다고 느낀다. 훌륭한 사고를 위해서는 긍정적인 확신이 필요하지만 우리는 그런 확신 따위에 관심이 없다. 훌륭한 사고를 위해서는 집중해야 하지만 우리는 오락거리에 열광한다.

그러다 문득 고요한 시간을 마주하면 몹시 불편해하고 그런 순간을 나는 누구이고 어디서 왔으며 어디로 가야 하는지에 대해 진지하게 생각할 기회로 탈바꿈시키지 못한다. 우리는 공허함과 불안함에서 벗어나기 위해 가장 가까이 있는 모니터로 달려든다. 지금처럼 뒤틀린 시대에 좋다고만 할 수 없는 그 성취가 바로 산만함을 예술의 경지에 이르게 한다.

낭비된 시간

캐나다 출신의 유명한 만화가 멜린다 스탠리의 블로그(melindastanley.com/blog.html)에 올라온 만화 한 꼭지를 보자. 자신을 주인공으로 그린 만화로, 책상 하나만 덜렁 있는 방 안에 그녀가 앉아 있다. 그리고 한 벽면이 페이스북, 야후!, 구글, 이베이, 비메오, 링크드인, 테크로라티 등의 인터넷 로고로 뒤덮여 있다. 피로에 지쳐 왼손으로 턱을 괴고 있으며 짜증이 가득 담긴 얼굴은 우스꽝스럽게 일그러져 있다. 탈진 직전의 그녀 앞에 놓인 컴퓨터 화면이 뾰족한 이빨을 드러내며 거대한 아가리를 벌리고 있는 상어 모습이라는 것을 깨닫기까지는 몇 초면 충분하다. 그 그림에는 다음과 같은 설명이 붙어 있다. "가끔 인터넷이 실로 거대하다는 생각을 한다. 그리고 그 인터넷이 나를 통째로 삼켜버릴 것만 같다."

인터넷이 정말로 우리를 삼키지는 못하겠지만 날마다 그 놀라운 디지털 기계 앞에 꼼짝 않고 앉아 있는 동안 우리의 엄청나게 소중한 시간이 눈 깜짝할 사이에 사라지는 것만은 분명하다. 멜린다 스탠리의 만화는 인터넷이 얼마나 거대하며 우리가 인터넷에 투자하는 시간이 얼마나 많은지를 여실히 보여 준다.

하지만 전자에 대한 경외심이 후자의 지혜에 대한 문제 제기를 가로막아서는 안 된다. 넘쳐나는 의사소통의 문제는 그 안에서 실제로 교환되는 내용의 가치가 도외시된다는 점이다. 진실로 중요한 것과 대부분 흥미 위주인 것의 경계가 점차 불분명해지면서 깊이 없음이 인간의 기본 상태 중 하나로 단단히 자리하게 된다.

우리를 매혹적인 디지털 왕국으로 은밀하게 낚아채는 것이 과연 직장에서의 업무를 방해하는 수많은 요소들인가? 정말 BBC의 헤드라인을 다시 한 번 살펴봐야 할 필요가 있는가? 바이러스처럼 퍼져 나가는 그 바보 같은 동영상 혹은 즐겨 찾는 뉴스 블로거 대여섯 명이 동시에 링크를 건 최근 포스팅을 꼭 '지금 당장' 확인해야 하는가? 그런 방해 요소들이 업무의 효율성에 어떤 영향을 끼치는가?

우리가 자기 자신과 타인에게 보일 수 있는 가장 기본적이고 중요한 책임감은 바로 생각하는 삶을 선택하는 것이다. 이 산만함의 시대에 그 선택은 쉽지 않은 도전이기도 하다. 우리를 즐겁게 하고 우리의 집중력을 분산시키기 위해 어디에나 존재하는 유혹을 물리치는 것이 바로 의미 있고 풍요로운 삶을 위한 첫 단추다. 2장에서는 이를 위한 시간과 동기에 대해 살펴볼 것이다.

◆ tip

이 책을 단순히 읽기만 할 것인가, 이 책에서 말하는 방법대로 살 것인가. 후자를 선택했다면 각 장 마지막 부분에 제시된 팁을 통해 책의 내용을 최대한 삶에 적용하라.

- 지금과 같은 멀티태스킹 시대에 몇 가지 일에만 집중하라는 마르쿠스 아우렐리우스의 권고는 우리에게 영감을 주는 조언인가, 비현실적인 조언인가?
- 생각할 시간이 없는가? 무엇 때문인가? 가족에서의 역할? 너무 긴 업무 시간? 어떻게 하면 그것들을 극복할 수 있을까.
- 어떻게 하면 더 생각하고 싶은 마음이 들 수 있는가? 생각할 시간을 늘릴 때 어떤 점들이 더 좋아질지 적어 보라.
- 많은 사람들이 '겸손'이라는 단어를 지나치게 당연시 하며 좀처럼 그 의미를 되새기려 하지 않는다. 요즘에도 아이들에게 겸손하라고 가르치는 부모가 있을까? 아마 수십 년은 거슬러 올라가야 그런 부모를 만날 수 있을 것이다. 그럼에도 불구하고 지금 이 시대에 겸손의 미덕이 필요한 이유는 과연 무엇인가?

02
생각할 시간 찾기

나쁜 소식은 시간이 화살처럼 빨리 지나간다는 점이고,
좋은 소식은 당신이 바로 그 시간의 조종사라는 점이다.

―마이클 앨트슐러

생각할 시간을 버는 7가지 팁

우리는 입버릇처럼 "시간이 없다"고 말한다. 하지만 시간은 많다. 늘 그래 왔다. 우리에게 부족한 것은 현명한 목표를 위해 시간을 투자할 수 있는 의지 혹은 지혜다. 정말 하고 싶은 일이 있다면 어떻게든 시간을 만들 것이다. 물론 여러분이 전혀 바쁘지 않다는 말은 아니다. 대부분의 사람들이 바쁘다. 하지만 그 분주함은 전적으로 자기 자신에게 달려 있다. 누구나 마음만 먹으면 언제든 시간을 낼 수 있다.

오늘날 '여가'라는 단어의 뜻은 오락 혹은 휴가라는 의미만을 포함할 뿐이다. 사실 여가는 학교라는 뜻의 라틴어 'skole'과 여가를 뜻하는 'otium'의 합성어로, 고대 그리스와 로마에서의 여가는 일의 의무에서 해방되어 지식과 지혜를 추구하는 시간을 뜻했다. 당시 사람들은 여가 시간에 들이는 노력보다 더 가치 있는 일은 없다고 생각했다. 이런 관점은 곧 실질적인 문제에서 벗어나 생각할 시간과 여유가 있을 때 최고의 인간이 될 수 있음을 뜻했다.

아리스토텔레스는 인간이 일을 하는 이유는 일에서 벗어난 자유로운 시간을 벌기 위해서라고 주장했다. 그는 학교, 즉 'school'이라는 단어의 어원인 'skole'이 예로부터 인간이 인간다울 수 있는 기회를 제공한다고 생각했고 여가에 관한 그처럼 고귀한 개념이 문명 전체에 영향을 끼친다고 주장했다.

물론 고대 아테네와 로마에서는 일부 특권층만 그런 식의 여가를 누릴 수 있었다. 그와 달리 오늘날에는 누구나 진지한 사고를 할 수 있지만 그렇게 하고자 하는 의지가 부족할 뿐이다. 오늘날 생각할 시간을 내는 것이 키케로가 살았던 시대에서만큼 중요하기 때문에 우리는 자기 마음을 돌보는 여가 시간에 대해 다시 생각할 필요가 있다.

생각할 시간을 내는 방법은 한 가지 뿐이다. 바로 다른 일을 줄이면 된다. 늘 하던 일 중에 그만두고 싶은 일이 무엇인지를 결정했다면 두 번 생각하지 말고 그 시간을 생각할 시간으로 만들어라. 요즘 시대에 가장 중요한 것 중 하나인 무익한 행동 '줄이기'에 지속적으로 관심을 기울여야 한다. 우리를 정신없이 바쁘게 만드는 모든 것을 불필요한 건물이라고 생각해 보라. 불필요한 건물이 너무 많다면 이를 하나씩 없애 생태적 균형을 회복하는 일이 무엇보다 시급할 것이다.

이제 더 적은 일을 더 효율적으로 함으로써 생각할 시간을 충분히 확보하겠다는 결심이 필요한 때다. 그 방법에 대한 팁은 다음과 같다.

거절하는 법을 배워라
오늘날 학교에서 절대 배울 수 없는 것이 바로 거절하는 법이다. 이는 몹시 안타까운 일이다. 왜냐하면 예의바르고 효과적으로 거절하는 법은 삶의 많은 측면에서 매우 유용한 기술이기 때문이다. 확실하게 경계를 지어 주는 단호한 거절은 자기 존중의 한 가지 형태다. 거절을 함으로써 한정된 시간을 자기 뜻대로 활용할 수 있다.

거절해야 할 때 죄책감이 느껴지면, 내 시간은 오로지 나만의 것이며 그 시간을 내 뜻대로 사용할 수 있는 권리를 행사하는 일이 타인을 부당하게 모욕하는 것은 아니라는 사실을 기억하라.

거절해야겠다는 생각이 들면 지체 없이 의사를 전달하라. 한 번 거절하고 나면 사실은 거절이 얼마나 쉬운 것이었는지 알게 되어 깜짝 놀랄 것이다. 그리고 더 많이 거절할수록 그 일은 점점 더 쉬워질 것이다. 생각할 시간을 찾는 데 있어서 이보다 더 효과적인 방법은 없다. 다만 주의해야 할 점이 하나 있다. 자존감이 충분히 높지 않다면 아마 스스로 확신할 수 있는 수준까지 자존감을 높이는 일이 선행되어야 할 것이다.

믿고 맡겨라

다른 사람들에게 일을 맡기기란 쉽지 않은 일이다. 세상에 결정권을 넘겨주기 좋아하는 사람은 별로 없다. 하지만 결국 그렇게 해야 한다. 물론 신중함이 전제되어야 한다. 그렇지 않으면 도저히 생각할 시간을 낼 수가 없다. 만약 당신이 훌륭한 직원과 함께 일한다면 그들에 대한 신뢰도도 높을 테고 그러면 그에 따라 결정권을 넘기는 일이 더 쉬울 수 있다.

한 번에 제대로 하라

거실 벽지를 새로 바르든 시장 조사를 하든 처음부터 시간을 들여 제대로 하라. 생각할 시간이 부족한 이유 중 하나는 이미 했던 일을 처음부터 다시 해야 하기 때문이다. 물론 제대로 하려면 대충할 때보다 훨씬 많은 시간이 걸릴 것이다. 하지만 대충 한 일은 결국 반드시 다시 하게 된다.

훌륭한 관리자가 돼라

직원들을 관리해야 할 책임이 있다면 그들이 언제나 최고의 기량을 발휘할 수 있도록 최대한 공정하고 사려 깊은 모습을 보이며 충분히 의사소통을 하라. 제 기량을 발휘하지 못하는 직원들이 최선을 다할 수 있도록 관리하는 것도 관리자의 역할이다.

당신과 함께 일하는 것이 전반적으로 긍정적인 경험이 되도록 할 수 있는 모든 일을 하라. 그러면 열심히 노력하지 않거나 병가를 내거나 갑자기 그만두는 직원들이 훨씬 적어질 테고 그 결과 더 효율적으로 각자의 일을 하게 될 것이다. 각자 자기 자리에서 최선을 다한다면 모든 사람들에게 집중과 자기 성찰, 심사숙고 습관을 연마할 시간이 더 많아질 것이다.

모든 약속을 3분의 1로 줄여라

앞으로 1년 동안 사업상의 점심 약속이 얼마나 되겠는가? 꼭 나가야 할 자리는 얼마나 많은가? 작년 달력을 한번 보라. 점심 약속이 얼마나 많았는가? 서른 번? 그중 열 번의 점심 약속이 없었다면, 아니면 전화 몇 통으로 그 일을 처리했다면 어땠을까? 아마 심각한 일이 벌어지지는 않았을 것이다.

그렇다면 앞으로 1년 동안의 점심 약속 횟수를 3분의 1로 줄이면 어떻겠는가? 마찬가지로 큰일은 일어나지 않을 것이다. 그렇다면 이제 점심을 먹으며 처리할 일과 전화 통화로 해결할 일이 무엇인지 결정하기만 하면 된다. 그러고 나면 점심 약속 횟수가 상당히 줄어들 것이다. 이는 장래의 규칙적인 습관 형성을 위해서도 큰 도움이 될 것이다. 그 시간들이 바로 신중히 사용해야 할 쿠폰이다. 반드시 만나야 할 사람도 분명 있을 테고 그저 다른 사람들과 함께 있는 시간이 즐거워 선택하는 경우도 있을 것이다.

어쨌든 일단 모든 쿠폰을 다 써버리면 이제 1년 치를 가불하지 않는 이상 더 이상의 행운은 없다. 대체로 일에 지장을 주지 않으면서도 엄청난 시간과 돈을 아낄 수 있다면 약속 횟수를 줄여라. 이는 시간이 많이 드는 모든 행동에도 마찬가지로 적용할 수 있다.

점심과 출퇴근 시간을 활용하라

점심으로 먹을 샌드위치를 싸 가지고 다니는가? 당신에게 점심시간은 웹사이트를 업데이트하고 이메일을 확인하거나 전화를 받고 블랙베리의 오래된 메시지를 삭제하느라 샌드위치에 손도 못 대는 시간은 아닌가? 사무실을 나와 점심시간이 끝날 때까지 그 시간을 충분히 활용하는 것이 자신에게 줄 수 있는 가장 좋은 선물이다. 산책을 하면서 나무와 잔디를 감상하고 공원 벤치에 앉아 샐러드를 먹어라(가장 좋은 것은 나무 벤치다).

그리고 편안한 마음으로 생각하라. 누구라도 연습을 통해 조각가가 나무 깎기를 즐기듯, 수영 선수가 수영을 즐기듯, 가수가 노래를 즐기듯 생각을 즐기는 법을 배울 수 있다. 프로이트도 인간의 마음에는 스스로 즐거움을 창출하는 기능이 있다고 했다.

여러분도 날마다 자신의 뇌와 만날 수 있다. 제출할 보고서에 대해 생각해야 하는가? 팀워크를 높이기 위해 할 수 있는 일은 무엇일까? 몇 주 전에 입사한 외국인 동료를 도울 수 있는 방법은? 지금 나의 커리어는 어디쯤일까? 5년 후 나는 어디쯤 있을까? 직장 내에서의 위치는 어느 정도일까? 이 일이 여전히 나에게 꼭 맞는 일일까? 최선을 다할 수 있는 기회는 있었나? 성장을 위해 더 노력해야 할 부분은? 지금 하고 있는 일의 미래는?

이처럼 반드시 일에 관한 생각만 할 필요는 없다. 사람들과의 관계에 대해, 도덕적 삶에 대해 그리고 건강과 다이어트에 대해서도 생각하라. 무엇을 생각할지는 전적으로 자신에게 달려 있다. 하지만 날마다 너무 많은 생각에 매달리지는 마라. 한 가지 주제에 대해 충분히 생각한 후 다음 주제로 넘어가라. 점심시간이 너무 짧아 몇 가지밖에 생각할 수 없다면 그냥 그렇게 하면 된다.

마지막으로 많은 사람들이 제대로 활용하지 못하는 또 다른 시간이 있다. 바로 출퇴근 시간이다. 출퇴근 시간을 생각하는 시간으로 바꾸겠다는 새해 목표를 세워라. 4분기로 나누어 새로운 목표를 세워도 좋다. 예를 들면 출퇴근 시간에 라디오를 듣지 않고 4개월, 아이팟 없이 4개월 그리고 인터넷 서핑이나 문자 메시지를 주고받지 않고 4개월을 보내는 것 등이다. 이를 통해 비교적 짧은 시간 안에 진정한 성취의 기쁨을 느끼게 될 것이다.

매일 생각할 시간을 마련하라

매일 15분씩 아무 방해 없이 오직 생각만 할 수 있는 시간을 만들어라. 그리고 그 15분 동안 실질적으로 필요한 것뿐만 아니라 장기적인 목표에도 집중하라. 해결해야 할 걱정거리에

짓눌려 있을수록 잠깐 동안이라도 그 걱정거리와 당신 사이에 거리를 두는 것이 훨씬 더 중요하다. 월요일에는 업무 시작 전 15분을 활용해도 좋고 수요일에는 회의 중간 쉬는 15분을 활용할 수도 있다. 중요한 것은 날마다 그 시간을 반드시 확보하겠다는 결심이다. 그리고 토요일과 일요일에는 30분 정도 누구의 방해도 받지 않는 혼자만의 시간을 가져라.

그 밖에도 생각할 수 있는 약간의 기회가 생기면 절대 그 시간을 놓치지 마라. 기회는 다시 오지 않는다. 그 시간 동안 중요한 것 한 가지밖에는 생각하지 못한다고 해도 괜찮다. 자신도 모르는 사이에 그런 규율을 스스로 강제하지 않을 때보다 훨씬 더 많은 생각을 하게 될 것이다.

다른 사람과 함께 생각하라

혼자 하는 생각이 가장 좋지만 다른 사람과 나누는 대화도 못지않게 중요하다. 여기서 대화는 두 사람이 힘을 모아 지식과 지혜를 나누는 생산적인 진짜 대화를 뜻한다.

대화는 전반적인 개념만 알고 있는 프로젝트의 첫 단계와 모든 것을 안다고 생각하는 프로젝트의 마지막 단계에서 특히 유용하다. 프로젝트의 첫 단계 대화에서는 중요한 것을 놓치지 않도록 확실히 해야 하고, 마지막 단계의 대화는 프로젝트의 성공 여부를 좌우할 수 있는 최종 수정의 기회. 훌륭한 리더라면 이 시기에 함께 프로젝트를 완수할 사람들이나 자문위원들과 일대일 만남을 계획한다.

기다리는 동안 생각하라

기다리기 좋아하는 사람은 없다. 기다리는 일은 지루하고 짜증날 뿐 아니라 사람을 불안하게도 만든다. 아주 가끔씩만 기다리는 일이 생긴다면 크게 신경 쓰지 않아도 괜찮다. 하지만 살다 보면 우리는 의도치 않게 자주 기다리는 상황에 놓인다. 날이면 날마다 어떻게든 무언가 혹은 누군가를 기다리게 된다.

기다림의 형태는 다양하지만 기다림에 관한 사람들의 감정은 대부분 비슷하다. 많은 사람들이 기다리는 시간을 낭비 혹은 참고 인내해야 할 시간이라고 생각한다. 하지만 늘 겪어야 하는 상황을 비생산적인 스트레스 요인으로 여기는 것에 대해 잠시 생각해 볼 필요가 있다. 기다리는 시간을 견디는 대신 그 시간을 유익하게 활용해 보면 어떨까? 그 시간을 스트레스 없이 온전히 살아 있는 시간으로 만들어 보면 어떨까?

누구에게나 오늘날의 광적인 삶을 피해 생각의 속도를 늦추고 숨어들 수 있는 안식처가 필요하다. 그리고 기다림의 재정의를 통해 그런 안식처를 얻을 수 있다. 물론 생각을 바꾸기가 그리 쉽지는 않을 것이다. 특히 처음에는 말이다. 사고방식의 급격한 변화를 위해서는 노력이 따라야 한다. 하지만 그 노력의 결과는 충분히 값질 것이다.

몇 년 전 나는 더 이상 기다리는 시간을 두고 괴로워하지 않기로 결심했다. 일단 그렇게 마음먹자 그 시간을 유용하게 활용하는 것이 별로 어렵지 않았다. 약간의 의지가 도움이 되었다. 아직까지도 나는 기다리는 시간을 견디기 위해 오락거리를 찾거나 하지 않는다. 나는 그 시간을 낭비하는 대신 진지하게 생각하는 시간으로 만들었다. 기다리는 시간을 잘 활용할 수 있게 되자 일상 또한 평화로워졌다. 나도 했으니 여러분도 충분히 가능할 것이다.

지금 시작하라. 기다리는 시간을 두려워하지 않겠다고 결심하라. 콘서트 입장 시간이 두 시간 남아 있는 상황이든 신호등이 녹색 불로 바뀌길 기다리는 상황이든 선택은 당신 몫이다. 시간이 빨리 지나가길 바라며 안달할 수도 있고, 자기 뜻대로 활용할 수 있는 소중한 선물이라 여기며 그 시간을 기꺼이 받아 안을 수도 있다.

온라인에서 멀어지기

IT 분야 시장 조사 전문 기관인 라디카디그룹은 2009년 한 해 동안 매일 2470억 건의 이메일이 교환되었다고 추정했다. 그리고 2013년이 되면 그 수치는 5070억 건까지 증가할 것으로 예측했다. 우리는 그처럼 많은 양의 이메일 중 약 80%가 스팸 메일이라는 사실을 잘 알고 있다. 우리가 매일 주고받는 이메일 역시 스팸 메일에 비해 아주 약간 더 급한 것뿐이다. 웹사이트나 블로그에 올리는 글들도 있다. 우리가 그런 행동을 하는 이유는 무엇인가? 답은 간단하다.

가장 주된 이유는 할 수 있기 때문이다. 이는 기술이 발전하기 전에는 필요 없는 일이었다. 지금 생각해 보면 구석기 시대나 마찬가지라고 할 수 있는, 소셜 미디어가 없던 시대에 우리가 이렇게 중얼거리지는 않았을 것이라는 말이다. "전 세계의 모든 사람들한테 아침에 피넛버터 대신 누텔라 초콜릿 잼을 바르기로 했다고 알릴 수 있는 방법만 있다면!"

기술이 먼저 발전했고 그에 따라 그 기술을 활용하는 습관이 나타난 것이다. 우리는 인터넷에 글을 올리며 얻는 자의식 고양에 사로잡혀 있다. 그래서 날마다 페이스북과 트위터를 바삐 오가며 디지털 왕국에서의 자기 정체성을 확인한다.

그런데 만약 이런 기술이 하룻밤 사이에 없어진다면 우리의 삶이 몹시 애처로워질까? 결코 그렇지 않을 것이다. 사람들은 더 많은 오프라인 만남을 찾아 나설 것이다. 우리가 인터넷으로 하는 일은 대부분 정말 필요한 일이 아니라 단지 기술적으로 가능하기 때문에 하고 있는 일이며, 그렇기 때문에 우리는 온라인에서 보내는 시간의 타당성에 대해 다시 생각해 봐야 한다.

온라인에 투자했던 시간의 일정 부분을 아무런 방해 없이 진지하게 생각할 수 있는 시간에 투자하는 것이 현명한 행동일 것이다. 미친 듯이 분주해지고 스트레스가 넘쳐나는 이 시대에 이런 요구는 점차 강력해지고 있다.

◆ tip
- 진정한 여가를 되찾을 때 어떤 점들이 좋아질지에 대해 몇 장 정도 글을 써보라. 그런 다음 삶에서 여가를 되찾기 위한 자기만의 계획서를 작성하라.
- 약 6주 동안 혼자서 방해받지 않고 생각하는 시간이 어느 정도인지 기록하라. 매일 생각할 시간을 보낸 다음 얼마나 생각했는지, 어떤 생각들을 했는지 잊어버리기 전에 기록하라. 중요한 생각들을 기록해 놓았다가 더 깊이 생각하라. 다양한 생각을 할 수도 있고 한 가지 생각에 관해 짜임새 있는 글을 쓸 수도 있다. 일기장에 쓰거나 블로그에 올리는 것과 비슷한 형식이 될 수도 있다. 이미 생각했던 것을 이어서 더 깊이 생각하는 것도 좋다. 현재든 과거든 자기 삶에 관한 글쓰기가 몸과 마음 모두에 도움이 된다는 것은 과학적으로 증명된 사실이다. 글쓰기는 무엇보다도 면역 체계를 강화시키고 스트레스의 영향력을 줄여 준다. 그러므로 건강한 상태를 원한다면 6주가 지났다고 멈추지 말고 계속해서 써라.

03
집중: 의식 그 이상

우리가 깨닫는 것 이상으로 우리의 경험과 세계, 심지어 우리 자신까지도 우리가 집중하는 대상의 결과다. 비참한 광경이나 마음을 달래 주는 소리는 물론 변화무쌍한 생각과 소용돌이치는 감정까지 우리가 집중하는 대상이 바로 우리 삶을 쌓는 벽돌이다. ㅡ위니프레드 갤러거

집중의 영향력

윌리엄 제임스는 이렇게 말했다.

"집중이 무엇인지 모르는 사람은 없다. 집중은 몇 가지 대

상 혹은 생각의 흐름 중 하나가 마음속에 확실하고 생생한 형태로 자리 잡는 것이다. 초점, 전념, 의식이 바로 집중의 정수다. 집중은 몇 가지를 효과적으로 다루기 위해 다른 몇 가지를 제거하는 것을 뜻한다. 또한 혼란스럽고 불분명하며 산만한 것과 정반대의 상태로 프랑스어로는 'distraction', 독일어로는 'Zerstreutheit'라고 한다."

고대에도 집중의 중요성은 강조되었다. 예를 들어 보자. 그리스 노예 출신으로 위대한 스토아학자 사상가가 된 에픽테토스는 자신의 저서에서 이렇게 말했다.

"살면서 집중의 영향을 받지 않는 활동은 하나도 없다. 그렇지 않은가? 집중할 때 더 못하고 집중하지 않을 때 더 잘할 수 있는 활동이 과연 있는가? 또한 우리 삶을 구성하는 모든 활동 중 집중하지 못하는 사람이 더 잘할 수 있는 활동이 과연 있는가? 집중하지 못하는 목수가 일을 더 정확하게 하는가? 집중하지 못하는 키잡이가 더 안전하게 배를 운행하는가? 집중하지 않을 때 더 잘할 수 있는 어떤 사소한 일이라도 과연 있는가? 마음이 한 번 방황하기 시작하면 더 이상 품위나 자기 존중 혹은 절제를 견지할 수 있는 의지를 쉽게 불러오기 힘들다."

　에픽테토스에 따르면 집중은 중용을 가능하게 하는 수단으로 부족한 지혜를 보완해 준다. 생각하는 삶의 중요성을 깨닫기 위해서는 집중의 중요성을 먼저 깨달아야 한다. 집중은 다음 대상으로 넘어가기 전에 한 가지 대상 앞에 잠깐 멈춰 이를 별개의 것으로 온전히 받아들이는 것이다. 지금껏 전례 없던 문명의 위기 앞에서 이를 현명하게 헤쳐 나가기 위해 가장 필요한 것이 바로 집중이다.

관심과 사고의 상관관계

대상을 인식하고 그에 집중하는 것이 바로 사고의 기반이다. 집중은 주변 환경을 지속적으로 인식하게 하므로 우리의 안전과 행동에도 꼭 필요하다. 미국에서 일어나는 교통사고 열 건 중 여덟 건의 원인이 바로 부주의라는 것만 봐도 집중이 얼마나 중요한지 분명히 알 수 있다.

　주변 환경을 제대로 인식하면, 문제가 더 복잡해져 해결하기 힘들어지기 전에 이를 발견할 수 있다. 집중은 빛의 속도로 세상을 판단할 뿐만 아니라 지금 하고 있는 일을 마치게 함으로써 오랜 시간 동안 그 영향력을 발휘하기도 한다.

집중은 학습과 과학적 발견을 위해서도 꼭 필요하다. 혁신적인 신경영상촬영 덕분에 오늘날 우리는 과거에 비해 집중이 어떻게 작용하는지 훨씬 잘 알고 있다. 대상을 인식하고 그에 집중하게 만드는 두 가지 신경망을 연구하는 과정에서 마이클 포스너와 같은 신경 심리학자들은 세 번째 신경망을 발견하고 이를 '실행 주의'라고 이름 붙였다. 실행 주의는 뇌의 다른 망들과 상호작용하면서 무엇보다도 감정 조절과 목표 실현에 영향을 끼친다. 여러분이 읽고 있는 이 책 역시 그 실행 주의라는 신경망의 작용으로 만들어진 것이다.

집중은 삶의 질을 높일 뿐만 아니라 지금처럼 혼란한 시대에 마주해야 할 삶의 다양한 도전을 헤쳐 나갈 수 있도록 돕기 때문에 그 어느 때보다도 중요하다고 할 수 있다. 정보가 넘쳐나는 세상은 결국 자유 시간이 없는 세상이며 자유 시간이 없는 세상은 집중할 수 없는 세상이다. 우리가 한 가지 대상에 진지하게 집중하지 못하는 이유 중 하나는 신경 써야 할 대상이 너무 많기 때문이다.

우리는 정보를 소비하는 주체이기도 하지만 동시에 정보에 의해 소비되는 객체이기도 하다. 이에 대한 확실한 예가 바로 멀티태스킹이다. 멀티태스킹은 만성적인 시간 부족을 만회하기 위해 최대한 짧은 시간에 진지하게 사고하고 최대한 많은 일을 처리하려는 시도다.

새로운 기술이 일상생활에 끼치는 영향에 대해 연구하는 린다 스톤에 따르면 우리는 대부분의 시간을 '부분적 관심의 지속'이라는 정신 상태로 보내게 된다. 그런 정신 상태로는 지적 돌파구를 찾을 수 없다. 집중력을 발휘하기 위해서는 몸과 마음의 균형을 유지해야 한다. 이를 위해서는 잠을 충분히 자고 균형 잡힌 식사를 하라. 수분이 부족하지 않도록 하고 에너지가 필요하다면 몸에 좋은 간식을 먹어라. 최대한 스트레스를 피하고 규칙적으로 운동하라.

집중의 대상은 날카롭게 울리는 소방차 사이렌 소리처럼 단순한 것일 수도 있고, 어려운 일에 적극적이고 의식적으로 에너지를 투자하는 것처럼 복잡한 일일 수도 있다. 집중은 타인에 대한 관심의 형태로 나타나기도 한다. 스캇 펙은 집중을 통해 타인을 위한 자기희생이 가능하다는 것을 확실히 보여 준다. "사랑의 힘에 필요한 원칙은 바로 집중이다. 타인을 사랑할 때 우리는 그 사람에게 집중한다. 그리고 그의 성장을 돕는다."

여기서 말하는 성장은 단지 몸의 성장만이 아니다. 몇 년 전 불가리아와 러시아의 고아원에서 자란 아이들에 관한 뉴스 보도를 기억하는가? 그 아이들은 함께 놀아 주거나 보살펴 주고 보듬어 줄 사람이 없었기 때문에 성장할 수 없었다. 그처럼 어린 나이에 돌이킬 수 없는 상처를 입은 그들의 몸과 마음은 제 기능을 발휘하지 못한다.

그 아이들은 우리에게 타인에 대한 관심이 단순한 인지 능력일 뿐만 아니라 도덕적 의무이기도 하다는 사실을 일깨워 준다. 타인에게 어느 정도의 자애로운 관심을 보여야만 진정한 인간이라고 할 수 있다. 특히 아이들은 관심을 받으면 무럭무럭 성장하고 무시당하면 시든다. 그렇다면 '관심'이라는 단어는 관심을 기울이는 사람과 관심을 받는 대상 모두에게 그 의미가 크다고 할 수 있다. '관심을 기울인다'는 말은 곧 '생각이 깊다'는 뜻이기도 하다.

지금 이 순간에 존재하는 것

자동차 범퍼에 붙어 있는 '차라리 고기나 잡으러 갈 걸' '윈드서핑이나 갈 걸' '말이나 타러 갈 걸'과 같은 문구의 스티커를 본 적이 있는가. 이해하기 어려운 말은 아니지만 조금 더 생각해 보면 그 스티커를 통해 운전자의 취향을 짐작할 수 있다. 여기서 중요한 것은 더 신나는 삶의 순간을 꿈꾸며(낚시, 윈드서핑, 승마) 지금 그렇지 못한 순간을(운전) 보내고 있다는 것이다. 이는 소외와 관심의 문제일지도 모른다.

우리는 늘 온전히 현재에 존재하지 못한다. 하지만 세상은 급변한다. 관심은 점점 더 많은 사람들에게 이런 분주한 세상에서 위안을 찾을 수 있는 방법이 되어 주기도 한다. 속도를 늦춰 바로 이 순간에 존재하는 것들에 관심을 기울임으로써 우리가 스스로 소외시켰던 마음이 평화로워질 수 있다. 삶이 가치 있다고 생각한다면 끊임없이 삶에 관심을 기울여야 한다. 아무리 따분한 일을 하더라도 집중해서 제대로 하라. 사과를 깎으려면 제대로 깎아라. 프레젠테이션을 준비하고 있다면 최대한 신경 써라. 열정을 앗아가는 간사한 사탄은 쳐다보지도 마라. 프로젝트를 진행할 때는 정신이 분산되지 않도록 해주는 커다란 비눗방울 안에 들어 있다고 상상해 보라.

집중은 포착하기 힘든 무수한 기회를 최대한 잘 활용할 수 있게 해준다. 기회를 포착하기 위해서는 시간과 에너지가 필요하고 그런 정신 상태를 유지하는 것은 분명 쉽지 않은 일이기 때문이다.

하지만 바로 그 순간이 우리를 둘러싼 세상을 제대로 인식하는 순간이기도 하다. 더 제대로 인식할수록 집중할 수 있고 더 깊이 생각할수록 최고의 결정을 내릴 수 있다. 핵심은 간단하다. 집중과 이를 위한 의지는 충만한 삶을 구성하는 가장 중요한 요소이며, 동시에 후회 없는 삶의 시작이다.

일, 몰입의 효과

또다시 끔찍한 일주일을 보낼 생각에 일요일 저녁만 되면 괴로운가? 아마 많은 사람들이 그럴 것이다. 수많은 여론조사에 따르면 지난 몇 년 동안 산업화된 세상의 수많은 직장인들이 일을 불행과 연관 지어 생각했다.

엄청난 웹사이트들은 일과 삶의 균형을 찾는 것이 이 시대의 가장 큰 문제라고 주장한다. 하지만 그 두 가지 사이에서 균형을 찾아야 한다는 말은 곧 그 두 가지가 서로 괴리되어 있다는 것을 뜻한다. 그보다 시급한 문제는 일과 삶의 균형을 찾는 방법이 아니라 바로 애초에 일과 삶을 이분법적으로 나누는 그 경계선을 없애는 방법을 찾는 것이다. 일은 곧 삶의 일부라는 사실을 받아들이지 못하기 때문에 일에 대한 긴장과 불만, 소외가 발생하는 것이다. 일이 삶의 일부라는 주장을 무시하는 한, 즉 우리가 일을 짐이라고 여기는 한 일은 짐처럼 느껴질 것이다.

날마다 수많은 사람들이 일을 해내야 한다는 생각으로 출근하지만 일에 전념하지 못한다. 이는 일에 대한 최악의 태도라고 할 수 있다. 직장에서 가장 먼저 해야 할 일은 온전히 일에 몰입하는 것이다. 집중하고 또 집중하라. 현재를 부정하며 더 멋져 보이는 무언가를 찾아 지금 이 순간에서 달아나지 마라. 이는 자신이 산만함의 인질임을 자처하는 행위다.

자기 능력에 자신을 갖고 일에 몰입하라. 지금 해야 할 일에 온전히 집중할 때, 시간이 멈췄다고 느껴질 정도로 일에 몰입할 때, 다시 말하면 미하이 칙센트미하이가 '플로우'라고 명명했던 정신 상태로 들어갈 때 일의 부담은 사라지고 마음은 평화로워진다. 도전적이고 가치 있는 목표를 위해 전념할 때 집중과 의지, 결심은 놀랄 만한 만족감을 선사한다. 그리고 충만한 만족감을 느끼면 그 긍정적인 경험을 지속하기 위해 날마다 최선을 다하게 될 것이다. 그것이 바로 삶의 질을 높이는 데 기여하는 가장 중요한 요소다. 반드시 기억하라. 일에 집중하라. 더 적은 노력으로 더 나은 결과를 얻을 것이다.

집중의 효과는 다음과 같다.

- 위험을 인식하게 함으로써 안전을 보장한다.
- 어떤 상황에서든 그 상황에서 가장 필요한 것이 무엇인지 판단하고 그에 전념하게 한다.
- 원만한 인간관계를 보장한다.
- 주어진 일을 완수할 수 있도록 한다.
- 지금 이 순간을 최대한 활용하며 누릴 수 있게 한다.
- 삶의 즐거움을 선사한다.
- 타인의 말에 귀 기울이게 한다.
- 다른 사람들에게 확신을 심어 준다.

- 통찰력을 키워 준다.
- 더 생산적인 사람이 된다.
- 미래에 예상치 못한 방법으로 사용할 수 있는 정보를 수집할 수 있게 한다.
- 치유의 힘을 갖고 있다.

삶의 한가운데

모든 인간은 집중력을 발휘하는 그 순간에도 산만함의 가능성을 안고 있다. 오늘 어떤 하루를 보냈는지 이야기하면서도 상대방의 관심이 점차 시들해지는 것을 정확히 포착할 수 있다. 상대방이 아무 생각 없이 고개만 끄덕이거나 눈도 마주치지 않고 눈동자가 당신 어깨 너머를 배회하면 화가 나기도 하겠지만 인간은 예로부터 그럴 수밖에 없는 존재다.

선사 시대에는 무슨 일을 하다가도 주변에 송곳니를 세운 포식자가 없는지 살펴보지 않으면 목숨을 잃을 수도 있었다. 오늘날 우리 삶에 그런 포식자는 없지만 조상들이 목숨을 부지하기 위해 했던 행동들이 여전히 우리 안에 남아 있다.

집중하지 못하거나 집중의 필요성을 느끼지 못하는 또 다른 이유는 낮은 자존감과 자아도취 같은 성격적 특성 때문이기도 하지만, 피로와 수면 부족 같은 상황적 요인 때문이기도 하다. 우리가 집중이라고 부르는 것과 마음 사이의 놀라운 관계는 우리가 통제할 수 있는 삶의 질을 높이는 데 기여하는 요소 중 하나다. 하지만 안타깝게도 너무 많은 사람들이 그 관계를 제대로 보지 못한 채 삶을 낭비한다.

물론 좋은 소식도 있다. 집중력은 단순한 기술은 아니지만 분명 노력을 통해 연마할 수 있다. 그러니 누구나 마음만 먹으면 집중력을 높일 수 있다. 어쩌면 우리 후손들은 우리가 받지 못해 안타까웠던 집중력 교육을 학교에서 받게 될지도 모른다. 3장의 마지막 부분에서 제시하는 지침들을 체계적으로 따라하는 것이 집중력을 키우기 위한 첫걸음이 될 수도 있다.

집중과 확신 없이 보낸다면 과연 과거에서 무엇을 얻을 수 있겠는가? 그런 과거는 흔적도 없이 그냥 지나가버린, 결코 되돌릴 수 없는 것이나 마찬가지다. 이유는 분명하다. 과거는 집중이 필요한 만큼 가치 있는 삶이 아니기 때문이다. 물론 그것도 삶이다. 하지만 훌륭한 삶은 아니다.

집중은 엄청난 시간과 에너지를 필요로 하기 때문에 유지하기 쉽지 않은 정신 상태다. 하지만 이제 최선을 다해 우리를 둘러싼 세상과 마주해야 한다는 사실을 온전히 인식해야 할 때다. 기억하라. 훌륭한 삶은 의식적인 삶이다. 삶을 가치 있게 여길수록 삶 속으로 깊이 들어갈 수 있다. 삶이 깊어질수록 그 안에서 길을 발견할 가능성 또한 커지고, 더 많은 길을 발견할수록 더 훌륭한 삶의 주인이 될 수 있다. 그래야만 결국 삶에 리허설은 없으며 매 순간 최선을 다해 살아야 한다는 진리를 몸소 체득할 수 있다.

산만함이 우리 삶에 깊이 뿌리내리고 있는 이 시대에 집중을 위한 의식적이고 계획적인 노력은 그 어느 때보다 더 시급하다. 호기심 가득한 낯선 사람의 눈으로 세상을 바라보는 것이 삶을 헤쳐 나가는 진실로 가치 있는 길이다.

어떤 상황에서도 삶의 변방에서 머뭇거리지 말고 잠깐 동안이라도 삶의 한가운데로 들어가라. 관객이 되지 말고 배우가 돼라. 상황을 파악하느라 시간을 낭비하지 말고 이렇게 자문하라. "저건 뭐지?" "무슨 뜻이지?" "내가 할 수 있는 일은 뭐지?" 그리고 "이 상황에서 다른 사람들과의 관계는?"

이 모든 질문에 답하는 것이 시간 낭비라는 생각이 들지도 모르지만 실제로 그 모든 과정은 순식간에 지나갈 것이다. 이 단순한 질문들에 답함으로써 올바른 행동을 선택하고 삶이 무엇을 펼쳐 보이든 이를 마주할 수 있는 만반의 준비를 갖출 수 있다.

◆ tip
- 일기를 써라. 집중력을 키울 수 있는 가장 좋은 방법 중 하나는 일상을 기록하는 것이다. 일기는 이름, 사건, 사실, 인상, 감정들의 값진 기록이다. 자기 마음을 들여다보며 하루 동안 일어난 일 중 기록할 가치가 있는 모든 일을 기록함으로써 깨달음을 얻을 수 있다.

  자신이 한 일을 평가하고 자신을 되돌아볼 수 있으며 잊었다고 생각했던 구체적인 내용들을 떠올릴 수 있다. 그러다 보면 반드시 생각을 하게 된다. 일기는 우리를 사고하게 만드는 도구다.

  그렇다면 전 세계적으로 수많은 사람들이 하고 있는 블로그는 어떨까? 일기와 블로그는 다르다. 일기는 타인과의 소통이 아니다. 일기는 자신만을 위한 것이기 때문에 걸러낼 필요도 없고 기교를 부릴 필요도 없다.

  마법의 양탄자를 타고 어디로 가든 온전히 당신 자유다. 더불어 나중에 기록할 것이라는 생각 덕분에 지금 이 순간 삶에서 경험하고 있는 일에 더 집중하게 된다.
- 매일 세 시간 동안 인터넷을 끊고 일에 온전히 집중하라.

- 누군가와 대화를 할 때는 반드시 휴대전화를 비롯한 무선 통신기기를 끄고 하고 있는 이야기에 최대한 집중하라.
- 집중력 훈련은 효과가 있으며 즐거울 수도 있다. 잠자리에 들기 전 그날 아침 뉴스에서 무엇을 들었는지, 지난주에 읽은 소설의 줄거리와 주인공들의 이름, 어제 회의 시간에 논의했던 주제들에 대해 떠올려 보라.
- 명상을 통해 독과 같은 걱정에서 빠져나올 수 있고 오늘날 좀처럼 찾기 힘든 휴식과 고요, 마음의 평화를 얻을 수 있다. 정기적인 명상은 집중력을 향상시킨다. 규칙적인 운동 역시 마찬가지다.
- 혹시 자기 자신에게 지나치게 집중해 있어서 주변과 세상에 주의를 기울일 여력이 없는가? 만약 그렇다면 그럴 수밖에 없는 이유가 무엇인지 생각해 보라.
- 아이들이 읽는 책을 함께 읽으며 얼마나 많은 내용과 세세한 부분을 기억해야 하는지 몸소 보여 줄 수 있다. 낸시 드류의 추리소설을 읽으며 집중의 중요성에 관해 대화를 나눌 수도 있다. 사건을 해결하는 어린 탐정의 능력 중 가장 중요한 능력이 바로 집중력이기 때문이다.

- 우리는 지금껏 현재라는 나무의 달콤한 과일을 따먹지 못했다. 지금 이 순간에 존재하기 위해 노력하라. 학교에서든 직장에서든 회의를 하든 다른 어떤 활동을 하든 집중하고 참여하고 소통하라. 메모를 하고 목소리를 내고 질문을 하고 의견을 개진하라. 적극적인 참여를 통해 집중할 수 있고 지금 배우고 있는 것을 더 잘 기억할 수 있다. 지금 배우고 있는 것이 당신의 관심 혹은 흥미와 어떤 관련이 있는지 생각해 보라. 그 관계를 깨닫는 것이 다시 지속적인 집중을 할 수 있도록 도와줄 것이다.

04
숙고: 삶을 돌아보는 기술

2주의 휴가 기간 동안 무엇을 할지 고민하는 만큼 단 한 번이라도 삶에서 무엇을 얻고 싶은지 생각해 보라. 그러면 우리의 바쁜 일상이라는 것이 얼마나 목적 없으며 잘못된 기준에 사로잡혀 있는지 놀라게 될 것이다.

― 도로시 캔필드 피셔

헤라클레스의 선택

도덕주의자들이 종종 인용하는 '헤라클레스의 선택'에 대해 잘 아는 사람은 많지 않을 것이다. 18세기에 조지프 에디슨이유려한 영어로 번역한 교훈적인 그리스 신화 '헤라클레스의 선택'은 안니발레 카라치와 같은 뛰어난 화가의 그림이나 헨델의 오라토리오가 전해지지 않았다면 사실상 우리 문화의 기억에서 사라졌을 것이다.

그리스 역사학자 크세노폰에 따르면 성년이 된 헤라클레스는 어느 날 자신이 살고 싶은 삶에 대해 곰곰이 생각해야 한다는 마음이 들었다. 인간인 어머니와 제우스 신 사이의 사생아였던 헤라클레스는 제우스의 아내 헤라가 남편의 밀회로 태어난 자식을 죽이기 위해 보낸 두 마리 뱀의 괴물을 목 졸라 죽임으로써 어렸을 때부터 일찍이 자신의 기질을 드러냈다. 헤라클레스는 괴력을 발휘해 아버지에게 부여받은 열두 가지 임무를 완수하고 불멸의 명성을 얻었다.

하지만 요즘은 육체적 힘을 과시하는 시대가 아니라 사고력과 의지의 시대다. 헤라클레스 역시 삶의 갈림길에서 그와 비슷한 선택의 고민을 하게 된다. 그 앞에 놓인 두 가지 갈림길 중 하나는 쾌락의 길이고 다른 하나는 덕의 길이었다.

골똘히 생각에 빠져 있는 헤라클레스 앞에 겉모습과 품행이 몹시 다른 두 여인이 등장한다. 한 여인은 수수하고 정갈

하게 차려 입었고 다른 여인은 화려하고 유혹적인 자태를 뽐내고 있었다. 두 번째 여인이 말했다.

"저를 따라 오시면 고된 일과 전쟁의 위험 모두에서 벗어날 수 있어요. 인간들과 달리 어떤 책임도 질 필요가 없어요. 걱정도 희생도 물론 없고요. 당신의 모든 감각을 위한 끝없는 쾌락의 삶이 기다리고 있답니다."

헤라클레스가 이름을 묻자 그녀는 이렇게 대답했다.

"친구들은 저를 행복이라고 불러요. 하지만 적들은 나를 쾌락이라고 부르죠."

그러자 덕이라는 이름을 가진 또 다른 여인이 앞으로 나와 쾌락의 공허한 약속에 속아 넘어가지 말라고 엄중히 경고하며 이렇게 말했다.

"당신이 원하는 것이 신의 은총이든 친구들의 사랑이든 국가가 수여하는 명예든 동료 그리스인들의 동경이든 엄청난 부든 전사의 힘이든, 노력 없이는 그 어떤 것도 얻을 수 없다는 사실을 반드시 기억하세요."

덕의 여인이 충고를 마치기가 무섭게 쾌락의 여인이 끼어들었다.

"오, 젊은 헤라클레스여! 이 여인이 말하는 그 길이 얼마나 힘들고 어려울지는 누구나 알 수 있어요. 그녀는 자신을 위해 당신을 끌어들이려는 거예요. 자, 나를 따라와요. 훨씬 짧고 쉬운 길이랍니다."

하지만 덕의 여인이 마지막으로 던진 날카로운 한마디를 듣고 헤라클레스는 오직 쾌락을 위한 쾌락만을 추구하는 것이 얼마나 무의미한 비극인지 깨달았다. 헤라클레스는 결심을 해야 했다. 어려운 길, 즉 덕의 길이 바로 올바른 길이며 그는 그렇게 살기로 결심했다.

이 이야기를 통해 우리는 심사숙고가 현명한 결정의 전제 조건임을 확인할 수 있다. 하지만 우리는 좀처럼 심사숙고할 시간을 갖지 않기 때문에 미래의 행복을 좌우할 중대한 결정의 순간을 아무 준비 없이 맞이하게 된다.

심사숙고의 의미

심사숙고는 현명한 결정을 위한 토대다. '심사숙고'는 종종 '사고'의 동의어로 사용되기도 하지만 모든 사고가 심사숙고는 아니다. 심사숙고는 보다 깊이 있는 사고이자 자세한 탐구다. 내용과 강도는 물론 기간 면에서 더욱 진지한 사고라고 할 수 있다.

심사숙고는 과거의 경험을 떠올려 더 깊이 이해한 다음 현재의 고민을 해결하는 데 사용되기도 한다. 이는 과거의 그 경험이 실수였을 때, 그래서 다시 떠올리는 것이 고통스럽고 힘들수록 특히 더 중요하다. 사랑하는 사람과 헤어진 후에는 자신의 행복뿐만 아니라 미래 파트너의 행복을 위해서도 헤어진 원인에 대해 깊이 생각해 봐야 한다. 마찬가지로 직장에서 큰 실수를 한 후 그 원인과 결과를 제대로 살펴보지 않으면 직장을 잃을 수도 있다.

심사숙고는 과거를 돌이켜보고 현재를 점검하며 더 나은 미래를 설계하는 방법이다. 자신과 타인의 경험에 관한 심사숙고는 스스로 어려운 질문을 던지고 불편한 대답을 직면하겠다는 의지에 달려 있다.

여기서 반드시 주의해야 할 점이 하나 있다. 과거에서 교훈을 찾을 수 없다면 굳이 과거를 들출 필요가 없다. 자신이나 타인을 해치기 위해 과거를 돌아보지 마라. 중요한 것은 현재에 도움이 될 수 있도록 과거를 돌아보는 것이다.

오랫동안 살을 빼기 위해 노력했지만 성과가 없었다면 성공하지 못한 이유가 무엇인지 궁금할 것이다. 어쩌면 가장 먼저 책임을 회피하고자 하는 마음이 들지도 모른다. "앉아서 일하기 때문에 다이어트가 안 되는 거야." 그런 말도 안 되는 논리에 문제를 제기하는 것이 바로 심사숙고의 시작이다.

앉아서 일하는 수많은 사람들 중 어떻게든 시간을 만들어 규칙적으로 운동하는 사람이 과연 없겠는가. 다이어트는 정말 효과가 없을까? 그보다는 정말 제대로 된 다이어트를 해보지 않은 것은 아닐까? 자신이 다이어트를 지속하지 못한다고 다이어트 자체가 효과가 없는 것은 아닐 것이다. 물론 모든 다이어트가 효과적이라는 뜻은 아니다. 다만 사람들이 다이어트를 제대로 하지 못한다는 이야기이다.

한번 생각해 보라. 충만한 의욕으로 다이어트를 시작한다. 온갖 지침을 정확히 따르면 곧 살이 빠진다. 하지만 어느 순간 살 빠지는 속도가 줄어들고 결국 정체기에 들어선다. 그러다 여차하면 자기도 모르게 다시 살이 찌기 시작한다. 초반의 성공에 너무 기쁜 나머지 조금씩 식이요법을 거스르는 것이다. 그러면 괜히 다이어트를 탓하며 시작하기 전처럼 먹어 대다가 결국 요요 현상까지 겪게 된다. 그러면 또 다른 다이어트를 시작한다. 그리고 그 모든 과정을 고스란히 반복하며 실패한다.

심사숙고를 통해 얻은 깨달음이 바로 과거의 실패를 반복하지 않을 수 있는 출발 지점이다. 빠져나간 몸무게를 유지하지 못한 책임을 회피하지 마라. 초반의 긍정적인 결과에 방심하지 말고 초심을 기억하라.

그리고 어떤 다이어트도 자신을 먼저 돌아보지 않으면 성공할 수 없다는 사실을 잊지 마라. 습관처럼 과식을 하는 이유는 무엇인가? 식사량을 줄이겠다는 의지가 부족한 이유는 무엇인가? 혹시 낮은 자존감 때문인가? 이처럼 자신에 대한 성찰이 전제되어야 숙고가 통찰력으로 빛을 발할 수 있다. 이에 대해서는 다음 장에서 더 자세히 살펴볼 것이다.

타인의 실수에 집중하는 이유

실수를 통해 배우는 것이 전혀 배우지 않는 것보다는 낫지만 문제는 이미 그 실수를 통해 손해를 입었다는 사실이다. 뜨거운 냄비를 만지면 안 된다는 교훈을 얻기 위해 꼭 손가락에 물집이 잡히도록 데어 봐야 할 필요는 없다. 그것이 바로 다른 사람의 실수를 통해 배우는 것이 중요한 이유다. 공자가 말하기를 "똑똑한 사람은 자신의 실수를 통해 배운다. 하지만 지혜로운 사람은 타인의 실수를 통해 배운다"고 했다.

생태학적으로도 마찬가지다. 이미 수많은 실수를 통해 교훈을 얻었는데 왜 또 다른 실수를 반복해 복잡한 세상을 더 복잡하게 만든단 말인가? 환경을 더럽히는 실수를 정말로 꼭 해봐야만 하는가?

더글라스 애덤스가 지적했듯이 불행하게도 "인간은 타인의 경험을 통해 배울 수 있는 독보적인 능력을 갖고 있지만 놀랍게도 결코 그럴 생각이 없어 보인다"는 것이다. 도대체 왜 그런 것일까? 한 가지 이유는 타인의 실수를 통해 배우려면 자신의 실수를 통해 배울 때보다 집중력이 훨씬 많이 필요하기 때문이다. 도덕적 상상력이라고 할 수 있는 사고와 감정의 결정체, 즉 공감 능력 또한 필요하다. 타인의 실수를 통해 배우려면 그들의 행동을 주의 깊게 살펴볼 수 있어야 한다. 그래야 무엇이 실수고, 그것이 왜 실수인지 확실하게 파악할 수 있다.

그리고 실수의 원인이 무엇인지도 자문해야 한다. 두려움인가, 욕심인가, 아니면 시기심인가? 아니면 부족한 자존감 때문인가? 자신이 그 상황에 처했다고 생각해 보라. 당신 역시 그와 똑같은 실수를 할 가능성이 있는가? 그렇다면 그 이유는 무엇인가? 혹시 당신의 성격 때문인가? 만약 그렇다면 특별히 어떤 점 때문인지 미리 발견하는 것이 좋다. 그래야 실수하지 않도록 대비할 수 있다. 심사숙고하는 습관은 살면서 마주하게 될 다양한 상황을 최대한 성공의 기회로 만들 준비다.

다른 사람의 말에 귀 기울이기

사람들은 종종 대화를 마음의 독백으로 여긴다. 대부분의 사람들은 너무나도 자신의 이야기를 하고 싶어 하고 자신의 의견을 전달하고 싶어 하며, 누가 요구하든 말든 자기만의 충고를 전달하고 싶어 한다.

그러면서 종종 대화는 서로 주고받는 것이라는 사실을 잊는다. 심지어 사람들은 가끔 언어의 교환을 통해 상대방을 지배하거나 통제하려 든다. 그래서 다른 사람들이 겨우 끼어들어 하는 몇 마디에는 아예 관심도 기울이지 않는다. 이는 정중한 태도가 아닐뿐더러 현명하지도 못한 태도다. 왜냐하면 그런 태도를 통해 중요한 두 가지를 놓치기 때문이다. 바로 타인을 인정하는 것과 그들을 통해 배우는 것이다. 사람들은 무엇보다도 인정받고 싶어 한다. 그리고 사람들은 상대가 자기 말에 귀 기울여 줄 때 자신이 인정받고 있다고 생각한다.

사교적인 사람들의 특성 중 하나가 바로 타인의 말을 잘 들어 주는 것이다. 그러므로 사람들이 하는 말을 잘 들어라. 이를 통해 여러 가지 교훈을 얻을 수 있다. 그리고 대화 상대로서 자신의 의사소통 습관에 대해 생각해 보라. 상대에게서 들은 내용에 대해 곰곰이 생각해 보는 것도 필요하다.

상대방의 말을 제대로 들으면 자신의 의견 또한 더 가치 있게 만들 수 있다. 그리고 가치 있는 의견은 다시 당신 말의 신뢰도를 한층 높여 줄 것이다.

◈ tip

- 심사숙고를 즐기는가? 그렇다면 그 이유는 무엇이고, 그렇지 않다면 또 그 이유는 무엇인가?
- 심사숙고를 통해 얻을 수 있는 가장 큰 이점은 무엇인가? 그리고 그 이유는 무엇이라고 생각하는가?
- 당신 앞에 놓인 '헤라클레스의 선택'은 무엇인가?
- 타인의 실수를 통해 더 자주 배우는가, 자신의 실수를 통해 더 자주 배우는가? 그리고 그 이유는 무엇인가?
- 최근에 자신의 실수를 통해 얻은 교훈은 무엇인가?
- 최근에 타인의 실수를 통해 얻은 교훈은 무엇인가?

05
성찰: 성공을 위한 자기 인식

너 자신을 알라

아테네에서 코린트 만의 해안선을 따라 북서쪽으로 160km 정도 올라가면 파르나소스 산기슭에 이른다. 뮤즈의 고향으로 알려진 2400m가 넘는 이 거대한 석회암 산의 남서쪽으로 갈라진 틈 델피에 아폴로 신전이 있다. 아폴로 신전은 한때 그리스 전역에서 신탁을 받는 곳으로 가장 유명했다.

세상의 배꼽으로 여겨졌던 그 신성한 장소에 우뚝 서 있던 건축물은 불행하게도 얼마 남아 있지 않다. 하지만 한때 신전으로 이르는 길목에 서 있다는 것만으로도 충분히 경외감이

들 것이다. 위대한 그리스 철학의 포문을 열었던 '너 자신을 알라'도 바로 그곳에 새겨져 있던 말이다. 이 한마디 말은 지식을 추구하라는 평범한 훈계가 아니라 인문주의자들의 성명서나 마찬가지였고, 그때부터 철학자들은 자기 자신을 지적 탐구의 대상으로 삼았다. 그런 자기 성찰이 가장 꽃핀 곳이 바로 델피였다.

메리엄 웹스터의 대학생용 사전 11판은 자기 성찰을 "내면을 들여다보는 행동" "자기 생각과 감정을 돌이켜보는 것"이라고 정의하며, 파렉스닷컴의 프리딕셔너리는 자기 성찰의 동의어로 '자기 탐구' '자기반성' 그리고 '영혼 탐색' 등을 제시한다.

심사숙고의 대상이 주변 세상이 아닌 자신의 내면일 때가 바로 성찰의 순간이다. 성찰의 궁극적인 목적은 자신을 아는 것이다. 고대 그리스 로마 시대 사람들도 훌륭한 삶을 위해서는 반드시 자기 성찰이 전제되어야 한다고 생각했다.

그렇다면 지금 우리는 왜 그토록 자신의 내면을 들여다보려고 하지 않는 것일까? 시간과 노력이 필요하고 무엇을 발견할지 두렵기 때문이다. 대답하기 쉽지 않은 질문을 통해 인정하고 싶지 않은 답을 얻을 수도 있으니 말이다. 또한 우리가 내면을 들여다봐야 하는 이유와 그 방법에 대해서도 배우지 못했기 때문이다. 성찰을 통해 자신에 대해 잘 알게 되면 결국 삶을 긍정적인 방향으로 변화시킬 수 있다. 자신을 들여다봄으로써 바꿔야 할 대상은 세상이 아니라 바로 자신이라는 사실을 깨닫게 되기 때문이다.

그 깨달음의 순간을 그냥 지나치지 마라. 다른 어떤 것보다도 자신이라는 영토를 가장 먼저 발견해야 한다. 대부분의 사람들이 자기 안에 미처 탐험하지 못한 미지의 영역을 품고 있을 것이다.

자기 성찰은 혼자서도 가능하고 친구와 함께 하거나 전문가의 도움을 받아 여러 사람들과 함께 할 수도 있다. 특별한 도구는 필요 없지만 원한다면 일기장을 활용할 수도 있다. 중요한 것은 진지하게 내면을 들여다보는 것이다. 날마다 소중한 시간을 조금씩 투자해 어제 하루 동안 내렸던 큰 결정들에 대해 다시 한 번 생각해 보라. 자신의 태도를 판단하는 데 최대한 감정에 휩쓸리지 않도록 노력하면서 말이다.

한 달에 한 번 정도는 삶의 큰 그림을 다시 살펴보도록 하

라. 어쩌면 자기 성찰을 통해 스스로 자신의 문제를 해결할 수 없다는 사실을 깨달을지도 모른다. 그래도 실망할 필요는 없다. 그것이 바로 진정한 자기 성찰이기 때문이다. 자신을 소중히 여기고 용기를 내되 겸손하며 필요할 때는 지체 없이 도움을 청하라.

힘과 즐거움을 주는 강점들

21세기가 시작될 무렵 긍정 심리학의 선두 주자이자 펜실베이니아 대학의 교수인 마틴 셀리그만과 그의 동료들은 전 세계의 종교적, 철학적 전통에 관한 광범위한 비교 연구에 착수했다. 그들은 다양한 전통에 공통적으로 드러나는, 그리고 그리스인과 로마인들이 미덕으로 삼기도 했던 인간의 긍정적인 성격의 특성을 찾아냈다. 3000년 동안 전해져 내려온 정신적, 윤리적 사고방식에 대해 철저히 조사한 결과 그들은 세계 어느 지역에서나 볼 수 있는 여섯 가지 덕목을 가려냈다. 그 여섯 가지 덕목은 바로 지혜와 지식, 용기, 사랑과 인간애, 정의, 절제 그리고 영성 혹은 초월성이었다.

셀리그만은 자신의 유명한 저서 『긍정 심리학』에서 그 여섯 가지 덕목을 '강점'이라 칭하며 이를 얻을 수 있는 다양한 방법을 제시했다. 그 방법들은 바로 배움에 대한 열정, 열린 마음, 사회 지능, 용기, 인내, 정직, 리더십, 자기 통제, 신중함 등이다.

누구에게나 자신만의 '대표 강점'이 있다. 남들보다 뛰어난 점이자 자신에게 힘과 즐거움을 선사하며, 자신이 누구인지 표현해 주는 강점들이다. 일상생활에서 이런 강점들을 발휘해 일함으로써 우리는 진정한 행복을 얻을 수 있다. 그러므로 우리는 자신의 대표 강점이 무엇인지 밝히고 그 강점들을 활용할 수 있는 가장 효과적인 방법을 찾을 필요가 있다. 또한 자신에게 부족한 강점이 무엇인지 밝히고 그 점들 또한 향상시켜 일에 적용할 수 있도록 노력할 필요도 있다.

자기 성찰의 시간을 통해 우리는 자신의 정체성을 확인하고 자신의 가치를 발견할 수 있다. 삶에서 무엇이 중요한지 충분히 숙고하고 나면 비로소 자기 뜻대로 삶의 중심을 잡을 수 있다. 이는 일상을 어떻게 보내야 할지 결정할 때 늘 처음부터 다시 고민하지 않아도 된다는 뜻이다. 어떤 상황에서도 생각하는 것은 중요하지만 미리 충분히 생각해 두는 것도 그에 못지않게 중요하다. 진정한 성찰을 통해 자신을 똑바로 세울 수 있을 때 지나온 과거가 현재를 만끽하고 미래를 설계하는 데 큰 도움이 될 것이다.

자기 성찰이라는 여정의 시작

자신을 돌아볼 때 흔히 하는 한 가지 질문이 있다. "왜 나는 건강한 관계를 오래 지속하지 못하는가?" 내가 문제인가? 열심히 노력해도 안 될 때는 어떻게 하는가? 언젠가 나는 '너무 다정한 척하는 사람'이라는 말을 들은 적이 있다. 어쩌면 사람들이 좋아해 주기를 바라는 내 열망이 다른 사람들을 불쾌하고 거슬리게 만드는지도 모른다. 그래서 나는 결국 친해지고 싶었던 사람들과 아예 관계를 끊게 된다.

이처럼 진지한 자기 성찰을 통해 그 상황에서 할 수 있는 가장 좋은 행동이 무엇인지 발견할 수도 있다.

"그렇다면 조급해하지 않고 마음을 편히 먹어야겠다. 먼저 조금 신중해질 필요가 있을 것 같다. 나와 관점이 비슷해서

관계가 발전할 가능성이 보이는 사람들에게만 시간과 에너지를 투자하자."

이는 자기 성찰이라는 여정의 시작일 뿐이다. 사람들이 좋아해 주길 바라는 자신의 욕망이 사회적 규범에서 벗어나는 것은 아닌지 자문해 보라. 만약 그렇다면 자신이 그런 모습을 보이는 이유가 무엇인지 알아야 할 것이다. 그때가 바로 무엇보다도 자신을 사로잡고 있는 무능하다는 감정의 원인을 밝혀야 할 때다.

어쩌면 어렸을 때 또래보다 작아서 자신감을 갖는 데 오랜 시간이 필요했기 때문인지도 모른다. 혹은 동경했던 형이나 오빠의 능력과 카리스마를 절대 따라잡을 수 없다고 생각했는지도 모른다. 부모님을 기쁘게 하는 것이 무엇보다 가장 중요한 일이지만 자신은 그럴 능력이 부족하다고 느꼈는지도 모른다. 어쩌면 다른 개인적 경험 때문일 수도 있다. 중요한 것은 그 불안함의 뿌리를 어디서 찾아야 하는지 스스로 이해하기 시작했다는 점이다.

보통 낮은 자존감이 많은 문제의 원인이라고들 한다. 꼭 그렇지는 않겠지만 스스로 빠져든 고통은 어떻게든 자신의 가치에 대한 신뢰 부족과 연결되어 있다. 낮은 자존감은 늘 실패를 예상하게 함으로써 우리를 해친다. 낮은 자존감은 또한 어떤 일도 실제보다 더 어려워보이게 만들어 아예 시도조차 못하게 한다.

일에서든 대인 관계에서든 늘 자기 능력을 제대로 발휘하지 못하는가? 혹시 정말 좋아하는 사람이 '자기와 어울리지 않는' 사람이라고 생각해서 아예 다가갈 생각조차 안 하는가? 언제나 차선, 심지어 그보다 더 못한 것에 만족하고 마는가? 상대방의 마음을 얻어도 내가 정말 원하는 것이 아니라는 핑계로 그 마음을 저버리는가?

만약 그렇다면 그 관계는 성공하기 힘들고 앞으로도 그럴 것이다. 안타깝게도 당신은 용기를 내 그 관계를 끝내는 것이 진정한 성공이라고 생각할지도 모른다. 삶의 버팀목이 되는 많은 관계들이 낮은 자존감으로 인해 돌이킬 수 없는 상처가 되기도 한다. 낮은 자존감으로 인한 불안함은 우리를 소심하고 방어적으로, 심지어 적대적으로 만들 수도 있다.

건강한 자존감은 분명 우리가 누릴 수 있는 가장 소중한 자산이다. 나 역시 개인적 경험을 통해 그 사실을 깨달았다. 어렸을 때 나는 내 자신이 무능하다는 생각을 떨치기 힘들었다. 하지만 그 사실을 알고 있다 해도 그 생각이 내 삶에 얼마나 큰 영향을 끼치는지 혹은 그 생각을 떨쳐버리기 위해 어떤 행동을 해야 하는지까지 알고 있다는 뜻은 아니었다.

나는 내 자신을 무능하다고 여기는 생각이 아버지와의 관계를 복잡하게 만들고 결국 망쳐버렸다는 것을, 기대 이상의 성과를 이룬 지금 내 모습을 만들었다는 사실과 내가 태어난 나라를 떠나 다른 대륙에서 성공하는 데 도움이 되었다는 것을, 사랑하는 사람의 선택에 상당한 영향을 끼쳤다는 사실을 20년 전에야 비로소 제대로 이해할 수 있었다.

다시 말하면 '나는 무능하다'는 그 생각이 바로 내 운명을 결정했다. 이처럼 명확한 깨달음을 얻기까지는 오랜 시간과 내 아내 버지니아의 도움이 필요했다. 나 자신과 내 삶을 좌지우지하는 요소에 대해 깨닫고 나자 마음이 편해졌고 비로소 다음 단계로 나갈 수 있었다. 그 다음 단계는 바로 스스로에 대한 관대함이었다. 자기 성찰은 내가 살아 있는 한 결코 끝나지 않겠지만 이미 그 가치를 충분히 발휘하고 있다.

시계형 인간, 풍향계형 인간

자신의 자존감 정도에 만족하는가? 당신의 자존감이 당신을 행복하게 하는가? 이 질문에 대한 답은 당신이 풍향계인지 시계인지에 따라 달라질 수 있다. 풍향계와 시계는 둘 다 정보를 제공하는 도구지만 본질적으로 작동 원리가 다르다. 풍향계가 바람이라는 외부의 힘에 의해 움직이는 반면, 시계는 태엽 장치라는 내부의 힘을 통해 스스로 움직인다.

모든 인간은 풍향계처럼 움직일 수도 있고 시계처럼 움직일 수도 있다. 어떤 사람들은 외부 세계가 이끄는 대로 살아간다. 그런 사람들은 타인의 시선으로 자신을 바라보며 외부 환경에 따라 기분도 크게 좌우된다. 바람에 따라 움직이는 풍향계처럼 살아가는 사람들이다. 그들의 삶은 외적 조건에 따라 달라진다. 그리고 낮은 자존감이 정체성의 일부가 되고 현재 모습의 원인이 된다.

그와 반대로 높은 자존감과 신념에 의지해 살아가는 사람들도 있다. 그런 사람들이 바로 시계 같은 사람들이다. 유전자와 개인적 경험의 축적, 특히 인격을 형성하는 시기의 경험이 우리를 시계로 만들지 풍향계로 만들지 결정하는 요소다.

자기 성찰, 비난이 아닌 이해

많은 사람들이 자신은 전 세계의 다양한 문화적 가치와 전통을 존중하고 또 받아들일 수 있는 사람이라고 생각할 것이다. 외국인을 혐오하지도 않을뿐더러 사실은 그들을 몹시 좋아한다고 말이다. 하지만 그처럼 관대한 이상주의에 문제가 있을 수도 있다. 그것은 바로 그로 인해 당신이 옹호하는 문화의 관습이 종종 다른 문화의 관습과 배치된다는 사실을 인식하지 못한다는 점이다.

그리고 언젠가 한 친구에게 이런 말을 들을지도 모른다. 당신의 관대한 아량도 물론 중요하지만 가끔 우리는 무엇이 옳고 그른지 혹은 무엇이 더 좋고 나쁜지 선택해야 한다고 말이다. 그러면 이런 생각이 들지도 모른다. "내 입장은 과연 진실로 균형 잡힌 시각인가 아니면 어느 편에도 서지 않겠다는 방임일 뿐인가? 무분별한 수용이 이유 있는 거부보다 정말 더 나은 것인가? 모든 문화를 수용하겠다는 태도는 곧 그 문화가 사람들의 삶에 실제로 어떤 영향을 끼치는지 충분히 관심을 기울이지 않기 때문은 아닌가?"

물론 이런 질문에 답하기 위해서는 더 깊이 있는 사고가 필요하다. 하지만 우선은 진실로 자신을 돌아보기 시작했다는 점에 의의를 두라. 자신의 영혼을 탐색해 보겠다는 의지를 놓지 않으면 결국 자신에 대한 이해는 물론 지적인 성장 또한 얻을 수 있을 것이다.

자신을 돌아볼 때는 다음을 주의하라.

- 자기 성찰은 심문이 아니다. 자기 성찰은 잘못을 찾아내기 위한 것이 아니라 자신을 이해하기 위한 것이다. 하지만 성찰을 통해 타인에게 피해를 주었다는 사실을 깨달으면 그에 대한 보상을 해주어야 한다.
- 자기 성찰을 통해 당신이 찾고자 하는 것을 찾지 못할 수도 있다. 그럴 때는 계속해서 찾아라. 더 많이 찾을수록 찾을 가능성은 커진다. 함께할 사람이 필요할 수도 있다. 대화를 주고받는 과정에서 혼자서는 깨닫기 힘든 진실이 드러날 수도 있다.
- 자기 성찰을 통해 깨달은 사실이 마음에 들지 않을 수도 있다. 어떤 교훈도 받아들여라. 하지만 자신을 질책하지는 마라. 자신을 솔직하게 바라볼 수 있는 것만으로도 성공한 것이

다. 그리고 강점은 물론 부족한 점 역시 순순히 인정하라. 부족한 점이 무엇인지 인식한 후에는 필요한 조치를 취하라. 성찰을 통해 발견한 모습이 마음에 들지 않더라도 그 발견을 가능하게 한 긍정적인 면도 있다는 사실을 떠올리며 마음을 편히 먹어라.

- 마음에 들지 않는 자기 모습을 바꾸겠다고 결심할 필요도 있다.
- 위인들의 삶에서 볼 수 있듯이 자기 성찰의 핵심은 절제다. 자신의 감정적 상태를 매 순간 확인하는 것은 성찰이라기보다는 강박적인 습관에 더 가깝다. 만약 그렇게 하고 있다면 강박적인 충동을 억제할 수 있는 방법을 찾아야 한다. 삶은 살아야 하는 것이지 가차 없이 평가하고 분석할 대상이 아니다.

◆ tip
- 자신이 어떤 사람인지 알고 싶다면 다음 질문에 답하라. 수줍음을 타는가? 외향적이거나 사교적인가? 불안할 때가 많은가? 당신을 당신으로 만드는 요소는 무엇이라고 생각하는가? 일주일에 두 번 정도 정기적으로 자신을 돌아보며 중요하다고 생각하는 점에 대해 기록하라.
- 자기 성찰 시간에는 다음 질문들을 활용하라.
나는 좋은 사람인가? 나는 지금 좋은 모습을 보이고 있는가? 왜 좋은 사람이 되어야 하는가? 내 삶의 의미는 무엇인가? 내 자존감은 충분히 높은가? 그렇지 않다면 그 이유는 무엇인가? 자신의 마음에 들지 않는 점은 무엇인가? 그 부분에 대해 어떤 조치를 취할 것인가? 내 장점과 단점은 무엇인가? 장점을 키우고 단점을 극복할 방법은 무엇인가? 나는 무엇을 좋아하는가? 나는 주로 받는 사람인가 주는 사람인가? 내 삶은 지금 어디쯤 와 있는가? 그리고 여기서 어디로 갈 것인가? 변해야 할 부분이 많은가? 현재 부당한 처우를 받고 있지는 않은가? 혹시 그 부당한 처우가 내 자신의 문제 때문인가? 어떤 부분에서 타인의 도움을 받고 있는가? 내가 주변 사람들의 삶에 긍정적인 변화를 가져올 수 있는 방법은 무엇인가? 내가 틀렸다는 사실을 인정하지 못한 이유는 무엇인가? 만약 인정했다면 어떻게 되었을까? 혹시 내가 곤경에 빠뜨린 사람이 있는가? 공감 능력이 필요할 때 그 능력을 적절히 발휘했는가? 이런 질문을 던지고 답할 시간이 얼마나 더 필요한가?

- 매주 금요일 오후에는 그 주에 내렸던 가장 어려운 결정 한 가지를 선택해 그 결정에 대해 생각하라. 그리고 이렇게 물어라. "옳은 결정이었는가? 어떻게 하면 더 나은 결정을 내릴 수 있었을까? 그 결정이 내 자의식과 어떤 관련이 있는가?"
- 이 책을 집필하는 동안 나는 내 수업을 듣는 학생들에게 사고 습관에 관한 몇 가지 질문을 던졌다. 첫 번째 질문은 다음과 같았다. "마지막으로 홀로 고요히 앉아 자신을 돌아본 적은 언제인가?" 다음은 거의 편집하지 않은 클레어라는 학생의 답이다.

제가 가장 마지막으로 저를 돌아본 것은 바로 어제였습니다. 어쩌면 정확한 대답은 아닐지도 모르겠네요. 저는 단 몇 분씩이라도 매일 쓰려고 노력합니다. 주로 (천천히 마음을 준비하기 위해) 최근에 제 마음에 남았던 특정한 구절이나 이미지, 언어의 소리 등을 기록하는 것으로 글을 쓰기 시작합니다. 그러다 보면 언제나 고요한 상태가 돼요. 그러면 그 고요한 상태에서 그것들이 무슨 뜻인지 생각하거나 어떤 행동에는 어떻게 반응해야 하는지, 혹은 무언가가 내 마음을 그처럼 사로잡은 이유가 무엇인지 생각합니다.

매일 조금씩 책을 읽으려고 노력하는데 읽으면서도 종종 잠깐 멈춰 멋진 표현이나 소설의 주인공에 대해, 어떤 시나 이야기가 마음에 드는 이유가 무엇인지에 대해 생각해 보기도 합니다. 그러다 보면 종종 그와 전혀 관련 없어 보이는 다른 생각으로 넘어가기도 합니다.

가끔은 속독을 하면서 지금 읽고 있는 내용에만 집중하고 다른 생각에 빠져들지 않았으면 좋겠다는 생각도 합니다. 언젠가는 그렇게 될 수도 있겠지만 아마 쉽지는 않을 것 같아요. 어쨌든 저는 깊이 있는 생각을 해봐야겠다는 목적으로 자리에 앉지는 않고(아, 그럴 생각으로 산책을 하기는 하네요) 보통 읽거나 쓸 때 깊은 생각에 빠진다고 할 수 있겠네요.

클레어의 답은 여러 가지 이유로 충분히 읽어 볼 가치가 있다. 읽기와 쓰기에 대한 그녀의 태도 때문이기도 하고 사고 과정에 대한 세심한 관찰 때문이기도 하다. 내 질문은 '언제'에 관한 질문이었지만 클레어는 그 이상으로 '왜' 그리고 '무엇'에 관해서까지 자세하게 답했다. 읽기와 쓰기 모두를 통해 깊이 있는 사고에 도달한다는 자신에 대한 명확한 인식도 살펴볼 만하다.

마지막으로 그녀가 읽고 쓰며 생각하는 동안 자신을 잃고 다시 찾아가는 과정을 통해 즐거움을 얻는다는 점이다. 나는 훌륭한 사색가가 됨으로써 말없이 세상을 더 나은 곳으로 만드는 클레어와 같은 학생들이 많아지기를 진심으로 바란다. 이제 여러분 차례다. 마지막으로 홀로 고요히 앉아 자신을 돌아본 적이 언제인가?

06
절제: 삶을 풍요롭게 하는 힘

약간의 절제가 당신 삶의 양은 물론 질 또한 높일 수 있다. 남자들은 절제를 통해 결혼도 지킬 수 있다. 안정된 결혼 생활의 가장 큰 예측 변수는 바로 남편의 충동 조절 능력이기 때문이다. 학생들의 자제력은 일생 동안 더 높은 소득을 보장해 줄 것이다. 자제력이 있으면 더 오래 그리고 더 잘 공부할 가능성이 높기 때문이다. 청소년들에 관한 연구에 따르면 자제력은 아이큐보다 학업 성취에 더 큰 영향을 끼치며 여학생들의 성적이 더 높은 이유도 바로 여학생들의 자제력이 더 크기 때문이다. 절제는 폭력보다는 교육과 관련이 있으며, 술과 약물 남용을 줄이고 수입을 높여 주며 세상을 낙관적으로 바라보게 한다. 물론 적절한 수준의 낙관주의다. －대니얼 액스트

어느 것도 지나치지 않게

다이달로스 이야기는 고대의 가장 슬픈 이야기 중 하나다. 아테네 출신의 솜씨 좋은 장인이었던 다이달로스에게는 감추고 싶은 과거가 있었다. 조카 페르딕스의 재능이 언젠가 자신의 재능을 능가할지도 모른다는 생각에 아크로폴리스 절벽에서 그를 밀어 떨어뜨렸던 것이다. 절벽에서 떨어진 페르딕스는 자애로운 신 덕분에 새로 변신해 목숨을 부지하긴 했지만(산메추라기였다) 다이달로스가 한 행동은 실로 잔인했다.

그 일로 크레테 섬에 숨어 살던 다이달로스는 거기서 자신의 재능을 발휘할 새로운 기회를 얻게 된다. 미노스 왕의 명령에 따라 왕의 아내 파시파에가 낳은 괴물 미노타우로스를 가두기 위한 미로를 만들게 된 것이다. 미로가 완성된 후 미노스 왕은 크레테 사람들이 미로의 존재와 미로에 얽힌 이야기를 알아서는 안 된다는 생각에 다이달로스와 그의 아들 이

카로스도 미로에 함께 가두어버린다.

하지만 지략이 뛰어났던 다이달로스는 곧 담대한 탈출 작전을 세운다. 아들과 함께 자유를 향해 날아가는 것이었다. 다이달로스는 날개를 만들어 자신과 아들 몸에 붙이고 아들 이카로스에게 너무 태양 가까이 날아서는 안 된다고 주의를 주었다. 태양의 열기로 날개를 붙인 왁스가 녹아버리면 안 되기 때문이었다. 또한 날개가 젖지 않도록 너무 수면 가까이 날아서도 안 된다고 했다. 두 사람은 태양과 수면의 정 가운데 길로 조심스럽게 날았다.

다이달로스는 힘차게 날아오르며 다시 한 번 이카로스에게 주의를 주었다. 하지만 가끔 중년의 지혜가 젊음의 어리석음을 감당하지 못하기도 한다. 어린 아들은 너무 기뻤던 나머지 곧 아버지의 경고를 까맣게 잊고 태양 가까이로 날아올랐다. 그리고 갑자기 아버지의 시야에서 사라졌다. 이카로스는 필사적으로 날갯짓을 했지만 태양의 열기에 이미 왁스가 다 녹아버린 후라 아무 소용이 없었다.

아들은 애타게 아버지의 이름을 부르다가 결국 바다에 빠지고 말았다. 절망에 빠져 아들을 찾던 다이달로스는 수면 위에 흩어진 이카로스의 깃털을 보고 아들이 무슨 짓을 했는지 알아챘지만 그때 할 수 있는 일이라고는 자신의 재주에 저주를 퍼붓는 것뿐이었다.

고대 그리스 사상가들은 삶이 우리에게 제시하는 도덕적으로 중요한 여러 가지 선택 앞에서 이성적인 사고를 통해 적절한 것을 선택할 수 있는 사람이 바로 훌륭한 인물이라고 생각했다. 델피의 아폴로 신전에는 '너 자신을 알라'는 말과 함께 '어느 것도 지나치지 않게 하라'는 글귀도 새겨져 있었다. 플라톤은 중용을 중요시했고 아리스토텔레스 역시 극단을 거부하는 것이 바로 덕이라고 생각했다.

예를 들어 아리스토텔레스는 용기를 비겁함과 무모함의 중간이라고 생각했다. 그리스 사람들은 중용을 '메소테스Mesotes'라고 부르기도 했고 그와 비슷한 뜻이나 더 높은 수준의 절제를 뜻하는 '소프로시네Sophrosyne'라는 단어를 사용하기도 했다. 그리고 인간의 본성과 자연 세계에 대한 충분한 이해로 훌륭한 삶을 위해 꼭 필요한 현명한 의사 결정을 내리는 사람들, 즉 소프로시네를 체현한 사람들을 소프론이라 칭하며 존경했다. 절제를 뜻하는 단어가 지혜라는 뜻 또한 내포

하고 있다는 사실은 열정을 통제하는 능력을 중시하는 그리스인들의 태도를 분명하게 보여 준다.

태양과 바다 사이에서 중용의 길을 선택하지 못했던 이카로스는 삶의 다양한 측면에서 중용이라는 고결한 덕을 택하지 못하는 모든 인간을 상징한다. 이카로스는 소프론과 반대되는 전형적인 인물이었다. 마지막으로 중용은 비단 그리스에서만 중시했던 덕목은 아니었다. 다양한 문화권에서 극단을 삼가라고 가르친다. 지혜의 길을 절제를 통한 자유의 길로 바라보았던 부처 역시 마찬가지다.

Just Do It?

1988년 여름, 포틀랜드 출신의 광고업자 댄 와이덴은 나이키가 의뢰한 광고를 만들면서 머릿속에 떠오른 몇 가지 서로 다른 요소들을 하나로 통일시킬 주제를 찾기 위해 고심하고 있었다. 그러다가 무슨 이유에선지 유죄 판결을 받은 살인자이자 노먼 메일러 소설의 주인공이기도 한 게리 길모어가 총살당하기 직전 마지막으로 했던 말이 떠올랐다. 길모어의 마지막 말을 조금 바꾼 그 명쾌하고 짧은 한마디가 광고의 역사에 길이 남게 될 줄은 당시 아무도 예측하지 못했다. 그것이 바로 나이키의 'Just Do It'이며, 이는 지금도 많은 사람들이 감탄해 마지않는 최고의 광고 문구다.

나이키의 'Just Do It' 광고는 애드버타이징에이지가 선정한 20세기 최고의 광고 다섯 개 중 하나로 선정되었고 광고 명예의 전당에 헌정되었으며, 스미스소니언 협회에서 상영되기도 했다. 그렇다면 시대를 대표하는 문구가 된 그 한마디 말에서 우리는 어떤 교훈을 얻을 수 있을까?

나이키 광고를 좋은 뜻으로 해석하자면 꾸물거리지 말고 운동이든 뭐든 자신에게 도움이 되는 행동을 해보라고 격려하는 말이라고 할 수 있다. 하지만 달리 생각하면 생각 없는 행동을 부추기는 말일 수도 있다. 신중하게 행동하기 위해서는 사전에 정보를 수집하고 결과를 고려해야 한다. 윤리적으로 행동하기 위해서는 속도를 늦추고 타인을 인식하고 타인의 감정에 공감하며 자신의 선택에 대해 평가할 수 있어야 한다. 신중한 행동과 윤리적인 행동에는 모두 시간이 필요하다. 하지만 'Just Do It'은 무모함과 부도덕을 조장한다. 나이키는 어린 고객들에게 충동을 따르라고 부추긴 것이다.

2008년 베이징 올림픽 수영 경기장에서 스물세 살의 메릴랜드 볼티모어 출신 수영 선수가 일약 올림픽 최고의 스타가 됐다. 평범하게 생겼지만 초인적인 폐활량을 자랑하는 마이클 펠프스. 그가 전력을 다해 물살을 가르고 금메달을 목에 거는 순간을 전 세계가 숨죽이고 지켜보았다. 아테네 올림픽과 베이징 올림픽에서 전부 열네 개의 금메달을 딴 펠프스는 올림픽 역사상 가장 찬사를 받은 선수가 되어 베이징을 떠났다. 많은 사람들이 그를 최고의 선수로 치켜세웠고 수만 명의 팬들이 그를 흠모했으며, 수천만 달러의 광고 계약이 빗발치듯 몰려들었다.

2008년 여름, 마이클 펠프스는 또 다른 이유로 전 세계인의 화젯거리가 됐다. 베이징에서의 영광 6주 후, 그는 사우스캐롤라이나 주 콜롬비아에서 열린 한 파티에서 마리화나를 피우다가 사진에 찍혔다. 약 석 달 후, 런던의 타블로이드 신문에 실린 그의 사진을 보고 전 세계의 수많은 사람들이 그에 대한 실망감을 감추지 못했다. 펠프스는 마지못해 자신의 실수를 인정했지만 이미 엎질러진 물이었다. 그리고 언론은 그

범죄의 심각성보다 그의 어리석음에 대해 집중 보도했다. "도대체 무슨 생각을 하고 있는가?"라는 질문이 암암리에 혹은 노골적으로 온갖 뉴스의 첫머리를 장식했다. 물론 그 질문은 정말로 그의 생각이 궁금해서 던진 질문이라기보다는 그에 대한 불신의 표현이었을 것이다.

어쨌든 그 질문에 대한 내 대답은 다음과 같다. "그는 아무 생각도 없었다." 그가 이런 생각을 하지는 않았을 것이다. '마리화나구나. 이 파이프로 한번 피워볼까? 물론 마리화나를 피우는 것은 불법이고 내 명성에 흠이 갈지도 모르며, 세상의 절반이 내게 등을 돌릴지도 모른다. 또한 현재 진행 중인 수백만 달러의 스폰서 계약을 잃을지도 모른다. 그래도 한번 해볼까?' 세계 정상에 우뚝 선 스물세 살의 청년은 아무 생각도 없었을 것이다. 그저 나이키의 광고 문구를 그대로 실천한 것이다. 그리고 결국 사람들의 신임을 잃었다.

그렇다고 나이키의 광고 문구가 마이클 펠프스가 저지른 잘못의 원인이라는 뜻은 아니다. 그는 어리석은 젊음의 희생자였고 아이들에게 적절한 의사 결정 과정을 가르치지 못하고 신중함과 자제력도 권하지 않는 시대정신의 희생자였다.

개개인이 주변 사람들에 대한 의무를 다하며 살아가야 하는 것처럼 기업들 역시 마케팅 전략의 목표 고객들에 대한 도덕적 책임 의식을 가져야 한다. 하지만 'Just Do It!'이라는 나이키 광고는 분명 그 책임을 다하지 못했다.

도덕적 삶에서 감정적 삶으로

지난 세기를 거쳐 오면서 인간이란 어떤 존재인가에 관한 패러다임의 변화가 일었다. 삶의 목적이 좋은 사람이 되는 것에서 좋은 감정을 느끼는 쪽으로 변한 것이다. 윤리학자 조슈아 핼버스탬Joshua Halberstam은 이렇게 말한다. "우리는 도덕적 삶의 질보다 감정적 삶의 질을 돌보는 데 훨씬 많은 시간을 소비한다."

우리는 새로 등장한 그 쾌락주의를 추구하며 궁극의 즐거움을 찾아 헤맨다. 그리고 그 즐거움이 바로 자아실현이다. '나'를 숭배하는 시대, 즉 자기표현이 신조가 되고 자기홍보가 삶의 방식이 된 시대이니만큼 절제의 가치가 사라진다 해도 전혀 놀랍지 않을 것이다. 절제는 종종 정계와 문화계의 뒤처진 보수인사들만 부여잡고 있는 억압적인 과거의 유산으로 치부되기도 한다.

하지만 다시 한 번 절제라는 덕의 긍정적인 측면이 힘을 얻는 듯하다. 자원이 낭비되고 있다는 환경주의자들의 우려 덕분에 비록 다른 이름으로 불릴지라도 절제가 다시 중요한 덕목으로 떠오르는 것이다. 신쾌락주의에도 불구하고 구성원들이 충동을 다스리고 절제를 선택하지 않는다면 그 어떤 사회도 지속되기 힘들 것이라는 사실은 자명하다. 무절제한 행동을 삼가는 것이 행복한 삶을 구성하는 중요한 요소라는 사실 역시 마찬가지다.

우리는 세상을 지구촌으로 바라보는 개념에 익숙하다. 하지만 많은 사람들이 미국 금융 시장에서 비롯된 위기를 겪고서야 전 세계 모든 사람들의 삶이 정말로 서로 연결되어 있다는, 즉 상호 의존적이라는 사실을 분명하게 깨달았다. 월 스트리트의 몰락은 아시아와 유럽, 호주에까지 그 파장이 미쳤고 미국인들의 삶을 뒤덮은 시커먼 먹구름은 전 세계 수십억 명의 사람들에게도 암울한 미래를 드리우고 있다.

2008년의 전 세계적 위기에 관해 생각해 봐야 할 점들 중 가장 중요한 것이 바로 이것이다. 모든 인간은 서로 긴밀하게 연결되어 있기 때문에 타인에게 영향을 끼치지 않는 행동은 없다. 그리고 모든 행동이 타인에게 영향을 끼치기 때문에 의도적이든 그렇지 않든 행동의 자유에는 한계가 존재한다는 사실을 받아들여야 한다.

이제 이 두 가지 기본 조건을 매순간 인식하면서 도덕적 인간으로 행동해야 할 때다. 법으로 금지하는 행동도 있고 그렇지 않은 행동도 있지만 둘 다 중요하다. 중요한 것은 그 두 가지 모두 다른 사람들과 최선을 다해 효과적으로 관계를 맺기 위해 자신의 요구와 욕망을 제한하겠다는 의지와 그럴 수 있는 능력, 즉 절제가 필요하다는 것이다. 절제는 또한 우리가 마땅히 존중하고 보호해야 할 자연과 환경에 대한 책임감 있는 태도이기도 하다.

절제는 많은 사람들의 삶을 망칠 수 있는 섹스에 대한 유혹을 뿌리치는 행동일 수도 있고, 친구들의 압력에도 불구하고 쾌락을 위해 약물을 사용하지 않겠다는 자신의 결정을 고수하는 행동일 수도 있다. 또한 위험하게 끼어든 차를 향해 경적을 울리자 가운데 손가락을 치켜들어 보답하는 운전자를 뒤따라가지 않는 행동일 수도 있다.

하지만 절제는 일상생활에서 타인과 주고받는 존경과 배려의 사소한 행동에도 깃들어 있다. 절제는 훌륭한 인격의 토대다. 정의, 책임감, 배려, 신뢰 등이 서양 문화를 떠받드는 전통적인 가치들이지만 그중에서도 충동의 균형을 잡아 주며 그 모든 가치를 가능하게 하는 절제가 단연 가장 중요한 덕목이라고 할 수 있다. 절제는 자기 행동이 어떤 결과를 가져올지 멀리 내다보는 일이다. 절제는 우리가 더 이상 중시하지 않고 또 가르치지도 않지만 행복한 삶을 위해 꼭 필요한 신중함이라는 덕을 가능하게 한다. 절제는 경제 수준에 맞지 않는 값비싼 차를 사고 싶은 유혹을 뿌리치는 것처럼 개인적인 문제에서 필요하기도 하지만, 타인의 비웃음에도 동요하지 않기 위해 노력하는 것처럼 원만한 대인관계를 위해서도 필요하다.

하지만 절제는 언제나 흥미는 부족하지만 만족감을 선사하는 것을 위해, 만족감은 덜하지만 훨씬 흥미로운 것을 포기하는 것을 뜻한다. 그리고 이를 위해서는 그 두 가지를 구별하는 능력과 그에 따라 선택하겠다는 의지가 필요하다. 사람들은 이를 지혜라고 부르며 지혜는 값을 매길 수 없을 만큼 소중한 가치다.

타인을 돕는 것이 곧 자신을 위한 것

이 책을 집필하고 있을 당시 『블링크』라는 책이 《뉴욕타임스》 베스트셀러 목록에 134주째 올라와 있었다. 순간적 판단의 중요성에 관한 300쪽 분량의 이 책은 하나의 사회적 현상이 되어 우리에게 몇 가지 생각할 거리를 제공한다.

우리는 자기도 모르게 충동을 긍정적으로 바라보는 세상에 휩쓸리고 있다. 이는 특히 젊은 세대들에게 절제와 신중함은 자산이 아니라 장애라는 어리석고 파괴적인 인식을 심어 줄 수 있다. 하지만 절제와 신중함이 훌륭한 삶의 중요한 요소가 아닌 적은 결코 없었다. 절제를 재발견하는 가장 좋은 방법은 타인의 인격을 존중하라는 칸트의 원칙을 마음에 새기는 것이다.

칸트가 말하는 도덕적 사고의 기초는 다음과 같다. 우리는 타인을 자기 목표를 이루고 자기 욕구를 실현하기 위한 도구로 바라보지 말고 그들 자체로 바라보아야 한다. 누구나 인간으로서 동등한 존엄성을 갖고 있기에 자신의 행복을 추구하기 위해 타인의 행복을 무시하는 것은 무모하고 잘못된 행동이다.

절제가 필요한 것은 바로 그 때문이다. 절제는 자신에게 득이 되는 행동을 하지 말아야 한다는 뜻이 아니라 그 이득을 취하기 위해 타인에게 피해를 주어서는 안 된다는 뜻이다. 삶이 꼭 제로섬 게임이어야 할 필요는 없다. 아무런 사심 없이 가능할 때마다 타인이 목표를 이룰 수 있도록 돕다 보면 그 보상이 얼마나 큰지 깜짝 놀랄 것이다. 타인이 목표를 이룰 수 있도록 도움으로써 자신의 목표에 도달하는 것이 바로 절제의 최고 상태다. 가끔은 직접적이기보다는 간접적인 형태의 노력이 삶의 성공을 보장하기도 한다.

이는 행복을 추구하는 데 있어서도 마찬가지다. 행복은 그 자체를 얻기 위해 노력해서가 아니라 삶의 다른 부분을 잘 꾸림으로써, 말하자면 하루하루를 알차게 만들어 감으로써 얻는 경우가 더 많다. 행복은 목표가 아니라 만족스러운 삶 속에서 매일 받는 선물이다. 그리고 절제가 바로 그 만족스러운 삶의 초석이다. 비록 삶 속에서 누릴 수 있는 쾌락은 줄어들겠지만 절제는 결코 행복을 위협하지 않는다. 사실 절제가 없으면 행복도 없다.

절제 없이는 불가능한 것들

미국 헌법 제정자들은 대다수의 미국 시민들이 권위를 존중하고 공동의 선을 위해 개인의 이익을 기꺼이 희생할 것이라고 생각했다.

1798년 10월 11일, 존 애덤스는 매사추세츠 민병대 장교들에게 기억할 만한 편지를 보냈다. 그 편지에는 미국이라는 실험의 성공 가능성에 대한 애덤스의 우려가 담겨 있었다. 애덤스는 그 편지에서 당시 취약하고 무너지기 쉬운 상태였던 미국 정부가 살아남아 번성할 수 있는 유일한 조건을 강조했다.

"우리 정부는 도덕과 종교의 구속을 받지 않는 인간의 열정에 대항할 수 없다. 탐욕, 야망, 복수 혹은 용맹이 고래가 그물을 뚫고 나오듯 우리 헌법의 가장 강력한 구속력조차 무기력하게 만들어버릴 것이다. 우리 헌법은 도덕적이고 종교적인 사람들만을 위한 헌법이다. 다른 어떤 목적을 위한 정부는 전적으로 부족하다."

그렇기 때문에 질서와 자유 두 가지 모두를 누리기 위해서는 그런 욕구를 지속적으로 검토해야 한다. 사회 구성원들에게 법적 제재를 가하겠다는 어떤 노력도 절제가 없다면 성공할 수 없다.

강요할 수 없는 것에 대한 복종

1924년, 영국 출신 판사이자 수학자였던 존 플레처 몰튼John Fletcher Moulton은 뛰어난 통찰력을 바탕으로 '인간 행동의 세 가지 주요 영역'을 밝혔다.

첫째는 법률의 강요에 따른 행동이다. 몰튼은 이를 긍정적인 법률의 영역이라고 불렀다. 둘째는 아무 제약 없는 자유로운 행동이다. 몰튼은 이를 자유 선택의 영역이라고 불렀다. 인간의 다양한 행동은 대부분 긍정적인 법률과 자유 선택의 영역에 해당한다. 하지만 몰튼은 이 두 가지 영역 사이에서 또 다른 거대한 영역을 발견했고 이를 '강요할 수 없는 것에 대한 복종의 영역'이라고 불렀다. 그리고 그 세 번째 영역이 사회가 굴러가는 데 가장 중요한 영역이라고 생각했다. 자동차 사고를 목격하고 그에 대해 증언하기 위해 자발적으로 길가에 차를 세우는 것이 바로 이 세 번째 행동 영역의 예다.

몰튼은 이렇게 말한다. "국가의 진정한 위대함 혹은 진실한 문명은 이 강요할 수 없는 것에 대한 복종의 영역이 얼마나 큰지로 가늠할 수 있다. 그 영역의 존재와 범위는 곧 국가가 시민을 믿는 정도이자 시민들이 그 믿음에 부응해 신뢰를 보여주는 방법이다." 사회가 절제라는 그 세 번째 영역에 더 많이 의지할수록 법률 제정의 필요성은 더 적어지고 강제와 분쟁, 소송이라는 홍역을 치를 필요도 없어진다.

자제력을 키우는 법

한 가지 좋은 소식은 절제하는 법을 배울 수 있다는 점이다. 다음에 제시하는 몇 가지 단순한 방법을 따르면 누구나 자제력을 키울 수 있을 것이다.

- '유혹에 빠져 추락하지 말라'는 규칙을 기억하라. 그게 무엇

이든 유혹에 빠질 만한 대상을 멀리하기 위해 최선을 다하라. 초콜릿을 좋아해 한번 먹기 시작하면 멈출 수 없다면 아예 주변에 초콜릿을 두지 마라. 절제는 주변 환경에서 이를 위협하는 요소를 없애는 것에서 시작된다.

- 의지를 실험함으로써 의지를 키워라. 매일 달갑지 않지만 자신에게 도움이 되는 일을 해보라. 예를 들어 월요일은 식사 중간에 간식을 먹지 않는 날로 정하고 화요일 통근 시간은 라디오를 듣거나 웹서핑을 하는 대신 자신을 돌아보는 시간으로, 수요일은 몇 주 동안 미뤄 두었던 일을 처리하는 날로 정한다.

- 장기적 목표를 세워라. 공들여 장기적 목표를 세우는 것은 즐거움과 이득을 동시에 제공한다. 예를 들면 대학교 3학년은 해외에서 보내고 대학교 4학년은 미국 상원에서 인턴십을 한다. 졸업 후 2년은 티치포아메리카나 로펌 혹은 재판 서기직으로 일하거나 법률 대학원에서 공부한다. 기록하지 않는 목표보다 기록하는 목표를 이룰 가능성이 훨씬 높다.

- 건강한 신체가 자제력 신장에 도움이 된다. 몸에 좋은 음식을 먹고 규칙적으로 잠을 자라. 일과 의미 있는 여가, 지적 자극과 신체적 운동, 적정선의 스트레스, 충분한 사회적 지원과

현실적인 자아 존중감의 균형은 모두 당신의 행복에 기여할 것이고 이를 통해 자제력 또한 키울 수 있다.

그리고 인내심이 있다. 우리가 필요한 만큼 자제력을 발휘하지 못하는 이유 중 하나는 바로 인내하는 훈련을 받지 못했기 때문이다. 인내심이 썩 매력적인 특성은 아니지만 우리가 자제력만큼이나 자주 의지하는 덕이자 기술이다. 사실 인내는 절제의 한 형태다. 인내는 욕구를 실현할 수 없는 현실에 분개하지 않는 것, 즉 변화시킬 수 없는 것을 수용하는 마음이다. 슈퍼마켓 계산대 앞에 줄을 서 있거나 갑자기 비행기가 취소되어 곤란해졌을 때, 열심히 한 일을 인정받지 못하거나 심각한 교통사고로 힘든 치료를 받고 있을 때 지금 이 순간을 밀어내는 대신 받아들이겠다고 마음먹는 데 인내가 큰 도움이 될 것이다.

인내는 혼란, 실망, 골칫거리, 불확실함, 질병, 고난 그리고 역경이 현실 그 자체라는 사실을 깨닫고 이를 마음 편히 받아들이는 능력이다. 삶의 역경을 예상하는 것은 이미 그 역경의 절반을 받아들이는 것이다. 그리고 역경을 받아들일 때 삶의 질은 훨씬 높아진다. 이를 통해 결국 인내가 말없이 희망을 주거나 도움을 준다는 사실도 깨달을 수 있을 것이다.

인내는 또한 더 나은 미래에 대한 가능성을 품을 수 있도록 해준다. '이 또한 지나가리라'라는 말을 떠올리며 절망 없이 고난을 이겨낼 수 있도록 돕는 것이 바로 인내다. 마지막으로 한마디만 더하겠다. 무기력과 인내는 다르다. 무기력은 약하고 수동적인 태도로 받아들이지 않아야 할 것을 받아들이게 만든다. 인내는 강하고 능동적인 태도로 받아들여야 할 것을 받아들이게 만든다.

절제와 자기표현

과거에 자기표현은 무엇을 어떻게 표현할 것인가의 문제일 뿐이었다. 반면 절제는 자기표현과 모순되지 않으면서도 사회에 꼭 필요한 규율과 형식을 제공하는 긍정적인 수단이었다. 하지만 자아를 숭배하는 오늘날에는 많은 사람들이 자기표현을, 더 정확히 말하자면 자기표현이라는 아이디어 자체를 찬미한다. 그와 동시에 절제는 자기표현의 적이자 창조적인 욕구와 마찬가지인 자연스러움을 억제하는 수단이라는 인식이 널리 퍼져 있다.

지금 우리 문화에서 가장 안타깝고 미숙한 점은 바로 절제를 악으로 규정하며 절제와 자기표현을 서로 정반대의 개념으로 생각한다는 것이다. 오늘날의 부모들은 공개적으로 아이들의 행동을 꾸짖으면 아이들이 자기표현을 못할지도 모른다는 두려움으로 과거의 부모들에 비해 아이들의 훈육에 덜 집착한다.

이런 관용으로 인한 심각한 결과 한 가지는 바로 자기만 아는 젊은이들의 등장이다. 그들은 웬만해서는 자기 잘못을 깨닫거나 자신의 실수를 인정하지 못한다. 그래서 실수를 통해 배운다는 자명한 진실조차 모른다. 그런 젊은이들이 성인이 되어 잘못이 무엇인지도 모르는 아이들을 키우면서 얻는 손해를 조금이라도 되돌리고자 할수록 자기성찰이 중요해진다.

부드러움의 강력한 효과

삶의 지혜가 가득 담긴 벤저민 프랭클린의 자서전은 자기계발 분야의 빛나는 별이나 마찬가지다. 솜씨 좋은 논쟁의 대명사였던 그의 자서전에는 젊은 시절 그가 즐겼던 어리석은 기쁨도 기록되어 있다. 수년 동안 궤변에 가까운 화려한 미사여구로 상대방을 사로잡았던 프랭클린은 자서전을 통해 자신의 태도를 다음과 같이 솔직하게 인정했다. "스스로 빠져나올 수 없는 어려움으로 상대방을 꼼짝 못하게 함으로써 내 자신에게도 내 논리에도 합당하지 않은 승리를 얻었다."

하지만 야망이 넘치고 영리했던 젊은 프랭클린은 결국 단호하고 오만했던 자신의 태도가 세상의 사랑을 방해하고 자신에게도 부정적으로 작용했다는 사실을 깨달았다. 그의 삶을 변화시킨 통찰력은 이후에 데일 카네기가 자신의 위대한 저서 『인간관계론』에서 밝힌 깨달음, 즉 성공하기 위해서는 다른 사람들이 자신에 대해 좋은 기분을 갖게 해야 한다는 깨달음과 마찬가지였다.

그래서 벤저민 프랭클린은 적지 않은 나이임에도 불구하고 말하는 방법을 완전히 바꾸었다. '분명히'나 '의심할 여지없이' 등 그때까지 너무 자주 사용했던 대담한 자기 확신의 표현을 전부 버리고 그 대신 '제 생각에는' '제가 본 바로는' '이런 저런

근거를 보면' 그리고 '제 생각이 옳다면' 등의 개인적 의견임을 나타내는 어구를 사용했다.

그는 이렇게 말했다. "나는 내 의견과 정책에 동의하도록 사람들을 설득해야 할 때 그 습관이 몹시 큰 도움이 되었다고 믿는다." 그는 더 부드러운 방법이 상대방의 저항을 줄이거나 약화시키는 데 효과적이라는 사실을 아주 잘 이해하고 있었다. 그는 절제를 통해 현명한 의사 전달자로 재탄생했으며 그 변화가 곧 그의 결정적인 성공 요인이었다.

우아한 자기 통제

'사교적인 사람'의 특성이 무엇인지 묻는다면 대부분의 사람들이 아마 '자신감 있는' '외향적인' '친절한' '남과 어울리기 좋아하는' 등의 형용사를 떠올릴 것이다. 아니면 삶이라는 파티에서 조금도 가만히 있지 않고 제 역할을 다하는 활기 넘치는 친구를 떠올릴 수도 있다. 하지만 사교적인 사람들의 특징에 대한 질문을 듣고 '자제심 있는' '눈치 있는' 혹은 '사려 깊은'과 같은 형용사를 떠올리는 사람은 거의 없을 것이다.

하지만 내 친구 루시아는 바로 그런 모습을 보이면서도 몹시 사교적인 사람이다. 며칠 전, 우연히 마야 안젤루의 글을 읽고 나는 루시아를 떠올렸다. 안젤루 박사는 이렇게 말했다. "사람들은 당신이 한 말과 행동은 잊겠지만 당신이 어떤 느낌을 갖게 만들었는지는 결코 잊지 않는다. 나는 그렇게 배웠다."

루시아가 이를 입증하기 위해 의식적으로 노력하는 것은 아니겠지만 그녀 옆에 있으면 누구나 그녀가 본능적으로 사람들의 장점을 발견하고 이를 즐긴다는 것을 느낄 수 있다. 이를 위해 필요한 것은 그녀의 진실한 미소와 베네치아풍 악센트로 전하는 몇 마디 다정하고 매력적인 말뿐이었다. 루시아의 삶은 결코 쉽지 않았다. 그녀는 아이들이 열두 살과 열 살이었을 때 남편을 잃고 두 아이를 홀로 키웠다. 그 역경이 그녀의 됨됨이에 어떤 영향을 끼쳤는지 나는 모른다. 하지만 한 가지 확실한 것은 그녀에게 슬픈 기운은 전혀 없으며 그녀의 두 아들 마르코와 레오나르도 역시 사려 깊고 밝고 훌륭한 청년으로 자랐다는 것이다. 남부러울 것 없는 그 두 아들은 독립적이면서도 스스럼없이 엄마에 대한 사랑을 표현했다.

다행히도 루시아는 자존감이 충분했기 때문에 세상에 자기 자신을 증명해야 한다고 느끼지 않았다. 그녀는 사람들과 함께 지내는 것을 즐겼지만 그렇다고 자신이 가장 소중히 여기는 가치를 저버리지도 않았다. 그녀는 고요와 침묵의 시간 또한 편히 받아들였고 그 덕분에 다른 사람들의 이야기도 잘 들어 줄 수 있었다. 루시아는 내성적이지만 다정했고 바로 그 점 때문에 많은 사람들이 그녀를 좋아했다. 그녀는 잘난 체하지 않으면서도 사람들을 연결시키고 소통하게 만드는 재주가 있었다.

만약 '상냥하다'는 말의 사전적 정의가 '온화하고 품위 있다'는 뜻이라면 루시아가 바로 상냥함의 대명사였다. 내가 행복의 이유를 묻자 루시아는 주저 없이 부모로서 자신이 이룬 것에 만족하기 때문이라고 답했다. 그리고 두 번째로 여행을 통해 새로운 사람을 만나면서 넓어진 시야를 언급했다. 그리고 마지막으로 다른 사람들을 행복하게 만들면 결국 자신도 행복해진다고 답했다.

즐거움과 행복의 차이

나이키의 'Just Do It!' 광고에 대해 생각하고 있을 때 유명한 미국 기업의 또 다른 슬로건 하나가 떠올랐다. 바로 벤앤제리라는 아이스크림 회사의 좌우명인 '재미없다면 왜 하는가?'였다. 히피 출신으로 아이스크림계의 대부가 된 제리 그린필드가 1979년 회사 연수에서 처음 이 질문을 던진 후로 그 질문은 벤앤제리의 모토가 되었다.

벤과 제리에게는 미안하지만 이 세상에는 재미없지만 하고 싶고 또 해야 하는 일이 수백만 가지가 넘는다. 고지서 납부에서 투석 치료까지, 버스에서 임산부에게 자리를 양보하는 일에서 친구에게 사과하는 일까지, 비오는 월요일 아침에 출근하는 일에서 헌신적인 직원을 해고해야 하는 일까지 열거하자면 끝이 없다. 우리가 살면서 초래하는 이 엄청난 비극은 곧 즐거움과 행복을 조화시키는 데 서투르기 때문이다.

즐거움은 놀이기구를 탈 때 느끼는 감정이며 행복은 충만한 삶을 통해 느끼는 감정이다. 즐거움은 그야말로 덧없으며 행복은 삶의 어느 한 시기 동안 쭉 지속되거나 어쩌면 사는 내내 느낄 수도 있다. 즐거움은 지금 이 순간 느낄 수 있지만 행복은 과거를 돌아보면서 느끼는 감정이다.

지금까지 나는 학교가 즐거움과 행복의 차이를 가르칠 수 있다면 그 업적만으로도 존재 가치를 찾을 수 있을 것이라고 말해 왔다. 물론 약간 과장이긴 하지만 내가 하고 싶은 말을 위해 꼭 필요한 과장이라고 생각한다. 내가 하고 싶은 말은 바로 이것이다. 삶에 즐거움을 위한 여백은 반드시 필요하지만 아무 생각 없이 혹은 아무 거리낌 없이 즐거움만 만끽하는 것은 행복의 추구를 방해할 수도 있고 또 실제로 방해하기도 한다.

◆ tip
- '어느 것도 지나치지 않게 하라'는 말은 우리의 철학적, 정신적 유산의 일부다. 당신이 잘하고 싶은 것은 무엇이며 이를 위해 더 효과적으로 통제해야 할 점은 무엇인가?
- 벤저민 프랭클린처럼 여러분 또한 의사소통 방법을 점검해야 할 필요를 느낄지도 모른다. 혹시 당신도 프랭클린처럼 절제 있는 의사소통 방법을 연마해야 하는가? 만약 그렇다면 그 능력을 키울 수 있는 방법은 무엇인가?
- 프랭클린과 정반대의 상황에 처해 있는가? 너무 절제된 태도가 지나친 신중함과 공손함을 유발해 손해를 보고 있는가? 자신감을 갖고 적극적으로 자기주장을 피력하는 법을 배울 필요가 있는가? 만약 그렇다면 가까운 친구들과 직장 동료에게 그 방법에 관해 조언을 구하고 구체적인 방법이 떠오르면 자신에게 필요한 변화를 계획하라.
- 사회 구성원들이 도덕적 삶 대신 감정적 삶을 선택할 때 개인과 사회에 미치는 결과는 무엇인가?
- 절제가 자기표현의 적이 아니라는 사실을 어떻게 입증할 수 있는가?

07
긍정의 힘

내 생각이 곧 나다. 내가 갖고 있는 모습은 전부 내 마음에서 비롯된다. 우리 마음속에 세상이 있다. —싯다르타

긍정의 의미

아침 일곱 시. 오늘도 평범한 하루가 될 것이다. 주머니나 지갑에서 자동차 열쇠를 꺼내면서 이렇게 생각한다. 이게 바로 삶이며 오늘은 다시 돌아오지 않는다고. 오늘이야말로 즐거움과 기쁨, 만족과 행복을 느낄 수 있는, 내게 주어진 유일한 삶이다. 오늘 있을 회의에 행운을 빌어 주는 배우자의 말

을 듣고 다시 한 번 깨닫는다. 회의를 잘하는 것이나 그날 하루를 잘 만드는 것은 결코 행운에 달려 있지 않고 자기 행동에 달려 있다는 사실을. 자신의 행동과 능력을 투자하지 않으면 어떤 하루도 잘 보낼 수 없다.

우리 마음속의 생각이 곧 우리 자신을 규정하고 우리 삶을 구체화한다. 제임스 앨런이 사용한 비유를 들자면 우리의 사고는 습관으로 구체화되고 습관은 주변 환경으로 굳어진다. 그러므로 주변 환경은 각자의 사고와 그 사고에서 비롯한 습관에 따라 좋아질 수도 있고 나빠질 수도 있다. 친절한 생각을 하면 친절한 사람이 될 것이고 관대한 생각을 하면 관대한 사람이 될 것이다. 마찬가지로 긍정적인 생각을 하면 어떤 역경도 그리 심각하게 느껴지지 않을 것이다.

물론 현실이 전적으로 마음먹기에 달렸다는 뜻은 아니다. 하지만 모든 사람들이 어느 정도는 보잘것없는 환상 속에서 살고 있다. 그 환상에 따르면 우리는 삶과 하나이며 우리 마음이 삶의 경험을 좌우한다.

위대한 스토아학파 철학자 에픽테토스가 2000년 전에 명확히 밝혔듯이 우리를 괴롭히는 것은 대상 자체가 아니라 대상에 대한 우리의 마음이다. 월요일은 사탄이 우리의 괴로움을 보며 시시덕거리기 위해 만든 날이 아니다. 월요일에 대한 나쁜 감정은 월요일에 대한 당신의 부정적인 생각이 얼마나 큰지에 달려 있다. 마찬가지로 해변에서 보내는 주말 역시 수영복과 함께 챙겨 간 긍정적인 마음 정도만큼만 즐거울 것이다. 삶을 통째로 뒤집으라는 말이 아니다.

헨리 데이비드 소로의 말을 빌리자면 그저 더 나은 하루를 보낼 수 있다는 뜻이다. 하루를 최대한 잘 보내고 싶다면 '판단'의 눈이 아니라 '호기심'의 눈으로 하루를 바라보라. 융통성을 갖고 좋은 하루를 보내기 위해서는 바꿀 수 없는 조건을 받아들여야 한다는 사실을 인정하라. 그렇지 않으면 실망과 불만을 피하기 힘들 것이다. 좋은 하루가 될지 나쁜 하루가 될지 궁금해 하지 말고 좋은 하루를 보내는 방법을 찾는 것이 바로 긍정의 기초다.

긍정적인 사고가 자연스러운 사람들도 있겠지만 대부분의 사람들은 긍정적인 사고를 위해 노력이 필요하다. 또한 상황에 따라 긍정적일 수도 있고 부정적일 수도 있다. 물론 상황이 어려울수록 긍정적으로 생각하기 위해 노력해야 한다. 긍정적인 사고는 과거에 대한 감사, 현재에 대한 수용 그리고 충만한 미래에 대한 기대로 구성된다. 긍정적인 사고는 자신에 대한 긍정적인 평가와 의미 있는 삶의 목표를 수반한다. 긍정적인 사고는 또한 최선의 결과를 위해 상황을 최대한 이용하게 만든다.

긍정적인 사람들은 다른 사람들보다 더 많이 웃고 미소 짓는다. 긍정적인 사람들은 패배를 일시적인 것으로 바라보고 패배의 원인 역시 자기 자신이 아니라 외부 환경이라고 생각하는 경향이 있다. 긍정적인 태도는 끔찍한 걱정을 덜어 주고 스트레스의 전반적인 영향을 줄여 건강과 행복 지수를 높여 준다.

긍정적으로 사고한다는 것은 냉혹한 현실을 회피하며 지나치게 낙관적인 태도로 삶을 헤쳐 나간다는 뜻이 아니다. 긍정적인 사고는 부정이 아니라 수용하는 것이다. 어느 날 아침 불안한 마음으로 눈을 떴다면 그 사실을 받아들이고 그 상황에 대해 곰곰이 생각해 보라.

긍정적인 태도는 부정적인 생각 혹은 부정적인 행동마저도 수용하는 것이다. 예를 들어 보자. 불안한 마음은 오랫동안 해결하지 못한 문제 때문일 수도 있다. 불안함은 문제를 밀쳐 두지 말고 해결해야 한다는 당신 마음의 작용일지도 모른다. 그렇다면 그 불안한 마음은 바로 당신 편이다. 불평만 하지 말고 무언가 더 건설적인 행동을 해야 한다는 신호다. 그러므로 자신을 돌아보며 문제가 무엇이고 어떻게 그 문제를 해결할지 고민해야 한다.

문제를 인정하고 받아들이기

긍정적인 생각은 현명한 사고다. 일을 예로 들어 보자. 일을 싫어할 만한 이유는 수없이 많다. 일은 자유를 제한하고 엄청난 에너지를 빼앗아가지만 그중에서도 가장 큰 단점은 바로 반복적이라는 점이다. 직장 동료들도 까다롭기는 마찬가지다.

미국 직장인들의 3분의 1이 직장에서의 가장 큰 스트레스 요인으로 동료들을 꼽았다. 만약 이런 상황이라면 긍정적인 마음이 다소 있다 해도 그 마음이 엄청난 변화를 가져오기에는 역부족일 것이다. 그 상황에서 필요한 것은 진정한 통찰력일지 모른다. 일에 대한 사고방식이 일에 대한 느낌을 좌우한다. 어떤 일을 하든 문제는 있다. 사실 일 자체가 문제를 만들고 그 문제를 해결하는 것이 바로 일이다.

그러므로 모든 문제를 사소히 여기지 말고 중요하게 여겨라. 사소한 문제는 우리를 짜증나게 하고, 이상적으로 생각하면 일어나서는 안 되는 것들이다. 하지만 중요한 문제는 기본적으로 충분히 예측 가능하고 또 해결할 수 있는 것들이다. 눈앞의 문제를 톱니바퀴 하나의 사소한 고장으로 생각하지 말고 일이라는 복잡한 기계의 핵심 기능으로 바라보는 것이 현명한 태도다.

문제를 피할 수 없는 삶의 일부로 인정하고 받아들일 때에야 비로소 일과 바람직한 관계를 맺을 수 있다. 직장에서 해결해야 하는 모든 문제는 맞춰야 할 퍼즐이며 배울 수 있는 기회다. 그리고 이를 해결하기 위해 전념할 때 그 문제가 전해 주는 교훈을 얻을 수 있다.

그렇다면 지금 눈앞의 문제를 통해 얻을 수 있는 교훈은 무엇인가? 그 문제가 일에 관해, 자기 자신에 관해, 인간의 본성에 관해 혹은 삶 자체에 관해 알려 주는 것은 무엇인가? 문제를 해결하는 과정에서 얻은 교훈을 어떻게 일에 적용시킬 것인가? 물론 머리로는 이해하기 쉽지만 실제 행동으로 옮기기에는 시간이 필요할지도 모른다. 그러므로 배울 수 있는 기회를 최대한 활용하기 위해 날마다 조금씩이라도 생각할 시간을 가져야 한다. 삶은 생각하는 사람들이 이기는 게임이다. 마르쿠스 아우렐리우스 철학의 핵심은 다음과 같다. 삶은 사고의 결과다. 다시 말하면 우리가 살면서 만나는 사건들에 대한 태도가 바로 삶의 질을 좌우하는 결정적 요소다.

긍정적인 태도를 유지하는 법

긍정적인 태도를 유지하기란 쉬운 일이 아니다. 그렇더라도 다음의 방법을 활용하면 조금은 수월할 수 있다.

- 긍정적인 태도를 습득하거나 강화시키고 싶다면 먼저 자존감을 높여야 한다. 자신이 본질적으로 품위 있고 친절하며 능력 있고 재주 많은 사람이라고 생각해야 자신에게 일어나는 좋은 일을 자연스럽게 받아들일 수 있다. 실패를 딛고 다시 일어설 수 있다는 자신감 또한 마찬가지다.

- 긍정적인 사고방식이 삶에 어떤 도움이 되는지 보여 주는 다양한 책들을 읽어라. 마틴 셀리그만의 『학습된 낙관주의』 『완전한 행복』 그리고 『플로리시』가 도움이 될 것이다.
- 긍정적인 사고의 장점은 혼자만 누리는 것이 아니다. 당신과 관계를 맺고 있는 모든 사람들과 공유해야 한다. 한 사람의 긍정적인 사고가 더 나은 세상을 만들 수 있다.
- 하루 동안 당신의 생각을 살펴보라. 부정적인 생각이 떠오르면 잠시 멈춘 다음 긍정적인 시각으로 눈앞의 문제를 다시 바라보라.
- 긍정적인 사람들에게서 영감을 얻어라. 긍정적인 사람들과 함께 있으면 자기 역시 긍정적인 사람이 되겠다는 결심이 강해질 것이다. 이는 긍정적인 사고방식을 체화하기 위해 노력할 때 특히 중요하다.
- 매주 운동할 시간을 마련하라. 신체적 활동은 기분을 좋게 한다. 몸에 좋고 영양가 있는 음식 또한 도움이 될 것이다.
- 긍정적인 사람이 되겠다는 의지가 흔들릴수록 더욱 긍정적으로 행동하라. 그러면 감정 또한 뒤따라올 것이다. 계속 웃고 미소 지으면 곧 만족감을 느끼게 될 것이다.

다음은 긍정적인 사고가 건강에 끼치는 좋은 영향이다.

- 수명을 연장한다.
- 우울증 정도를 낮춘다.
- 스트레스 지수를 낮춘다.
- 감기에 대한 면역력을 높인다.
- 정신적, 신체적 행복 지수를 높인다.
- 심혈관계 질병으로 사망할 가능성을 낮춘다.
- 스트레스와 역경에 대한 대처 능력을 키운다.

걱정은 출구 없는 미로

가장 좋은 상태의 생각은 출발지에서 목적지까지 안전하게 도착하는 여행과 같다. 태양계의 생성에 대한 새로운 이해든 사교댄스 수업 등록이든, 목적지는 무엇이든 될 수 있다. 훌륭한 생각에 대한 변하지 않는 진실 하나는 건강한 자존감과 이성적인 상황 분석 그리고 훌륭한 직관이 바람직한 결론과 긍정적인 행동을 야기한다는 것이다. 그런 사고 과정을 원한다면 반드시 걱정을 멀리해야 한다. 걱정은 걱정일 뿐 생각이 아니다. 물론 가끔 도움이 되기도 하는 불안한 마음이 아니라 부정적인 것에 대한 중독으로서의 걱정일 경우에 그렇다.

그런 생각과 감정의 뒤섞임은 이성적이지도 않고 생산적이지도 않다. 걱정은 목적지가 있는 여행이 아니라 출구 없는 미로에 갇혀 막다른 골목을 마주하는 악몽 같은 상황이나 마찬가지다. 심각한 걱정은 인지 왜곡으로 점차 강화된다. 걱정을 유발하는 잘못된 사고방식의 가장 흔한 예는 다음과 같다.

- 여과 : 어떤 상황에서든 긍정적인 측면은 무시하고 부정적인 측면에만 초점을 맞춘다.
- 성급한 일반화 : 한 번 문제가 되었던 것은 앞으로도 계속 문제가 될 것이다.
- 과장 : 언제나 가장 최악의 경우를 상상한다.

일상생활에서 걱정의 영향을 줄이기 위해 할 수 있는 일은 다음과 같다.

- 통제할 수 있는 일과 통제할 수 없는 일을 구분하는 능력을 키워라. 그리고 통제할 수 없는 일에 대해서는 의식적으로 생각하지 않으려고 노력하라. 늘 다양한 가능성을 열어 두어라.
- 지금 겪고 있는 모든 혼란은 마음속에만 존재한다는 사실을 기억하라. 그런 생각으로 삶이 피폐해질 수도 있지만 여전히 생각일 뿐이다. 생각을 바꾸면 삶을 바꿀 수 있다.
- 걱정하는 일들은 대부분 실제로 일어나지 않는다. 실제로 일어난다고 해도 생각했던 것만큼 심각하거나 혼란스럽지는 않을 것이다.
- 감정보다 행동에 집중하라. 최대한 일에 전념하라. 몰입 상태를 경험하면 전반적인 행복 지수가 놀랄 만큼 높아질 것이다. 걱정은 미래에 관한 것이기 때문에 현재에 온전히 충실함으로써 걱정의 효과를 최소화할 수 있다. 명상도 도움이 된다.
- 부정적인 생각과 걱정 때문에 괴롭다면 치료를 받을 수 있다는 사실도 염두에 두어라. 상담과 명상도 유익할 것이다.

태도와 관계의 본질

"삶의 질에 가장 큰 영향을 끼치는 요소는 무엇인가?"

오클라호마 털사Tulsa에 자리한 훌륭한 학교 홀랜드 홀 Holland Hall의 앳된 학생들에게 내가 던진 질문이다. 그런데 놀랍게도 내 질문이 끝나자마자 두 학생이 곧장 손을 들고 대답했다. 한 학생은 '태도'라고 답했고, 다른 학생은 '관계'라고 대답했다. 나는 깜짝 놀랐다. 학생들의 의견은 행복에 대해 연구하는 뛰어난 심리학자들의 의견과 조금도 다르지 않았다.

또 한 가지 놀라웠던 점은 그들이 조금도 주저하지 않고 대답했다는 점이다. 학생들은 그 문제에 대해 진지하게 생각해 왔고 강한 확신을 갖고 있었다. 확신에 찬 학생들의 모습은 털사에 다녀온 후로도 오랫동안 내 마음에서 떠나지 않았다. 그리고 학생들의 대답에 대해 진지하게 고민하던 나는 결국 몇 가지 새로운 깨달음을 얻을 수 있었다. 지금까지 나는 태도와 관계가 삶의 질을 좌우하는, 효과적이지만 서로 다른 두 가지 요소라고 생각했었다. 하지만 그 두 가지가 어떻게 서로 연결되어 있는지 알게 되었다.

우리의 삶은 우리가 갖고 있는 우세한 사고방식으로부터

큰 영향을 받는다. 외부 세상을 통제하는 우리 능력에는 한계가 있기 때문에 늘 반갑지 않은 사건들이 일어날 수밖에 없다. 우리가 통제할 수 있는 부분은 바로 그 사건들에 대한 반응뿐이다. 즉 그 사건에 대해 어떻게 생각하는가이다. 부정적인 사건에 대한 긍정적인 반응은 인간이 누릴 수 있는 가장 큰 선물 중 하나다.

역경은 언제든 닥칠 수 있지만 긍정적인 태도를 견지함으로써 역경을 더 잘 이겨낼 수도 있고 심지어 역경을 기회로 바꿀 수도 있다. 그렇다. 행복이 마음의 산물이라는 사실을 믿는다면 그에 대한 책임 또한 져야 한다. 물론 쉽지 않은 일이다. 그럼에도 불구하고 많은 사람들이 긍정적인 사고가 성공과 행복을 보장하는 수단이라고 생각한다. 결론은 확실하다. 태도가 운명을 좌우한다.

다음으로 관계에 대해 살펴보자. 삶은 관계에 대한 모험이다. 우리는 다른 사람들과 함께 살고 다른 사람들에게 의지하며 다른 사람들에게서 위안을 얻는다. 자신의 정체성, 건전한 사고방식 그리고 신체의 건강은 우리를 둘러싼 다른 사람들의 존재에 의해 결정된다. 관계는 삶의 중요 요소이기 때문에 우리 삶의 질은 우리가 맺는 관계에 달려 있다고 할 수 있다. 하지만 방금 우리는 행복이 태도에 달려 있다고 말하지 않았는가? 물론 그렇지만 현실 또한 직시해야 한다. 늘 좋은 기분을 유지하는 것은 쉽지 않은 일이다. 가끔은 본성이, 학습이 그리고 환경이 부정적인 생각을 유발하기도 한다.

게다가 수많은 철학자들의 의견과 반대로 생각과 감정이 전적으로 독립적인 것이 늘 좋은 것만은 아니다. 삶의 균형과 즐거움은 어떻게든 주변 사람들의 영향을 받을 수밖에 없다. 역경을 마주하면 어떻게든 자기 내면에서 대답을 찾아라. 긍정적인 태도를 연마하고 최대한 좋은 쪽으로 생각하라. 하지만 가족과 친구, 주변 사람들이 제공하는 사랑과 지지 안에서 마음의 안식을 찾는 것 또한 잊지 마라.

하지만 태도든 관계든 어느 한 가지만으로는 행복한 삶을 추구할 수 없다. 역경을 이겨내고 훌륭한 삶을 영위하기 위해서는 현실적으로 두 가지 모두 필요하다. 건강한 관계를 맺고 있으면 약간 부정적이거나 끈기가 없어도 괜찮다. 태도와 관계의 긍정적인 상호작용이 최선의 상황을 만든다. 좋은 태도를 견지할 때 타인과의 관계 맺기도 수월해지고 관계가 개선

되면 자신에 대한 감정 또한 좋아진다. 관계 개선과 긍정적인 자존감은 다시 좋은 태도를 유지하기 쉽도록 해 준다.

이 선순환이 점점 힘들어지는 삶을 직시하며 세울 수 있는 가장 현명한 목표 중 하나다. 태도와 관계의 본질을 꿰뚫어볼 수 있을 때 모든 문제는 자기 자신과 타인에 관한 문제라는 사실을 깨닫게 된다. 그리고 그것이 바로 삶의 전부다. 일상생활의 사고와 행동에서 이 기본적인 진실을 실천하는 것이 바로 지혜로운 삶의 시작이자 행복의 관문이다.

◆ tip
- 삶에서 자주 마주하는 귀찮고 짜증스러우며 통제할 수 없는 상황들의 목록을 작성하라. 그리고 각각의 상황에 어떻게 대처할지, 그 방법이 어떤 효과가 있을지 적어라.
- 통제할 수 있는 상황에 대해서도 마찬가지로 생각하라.
- 다음 3주 동안 어려운 상황에 처할 때마다 이렇게 자문하라. '내가 통제할 수 있는 상황인가?' 만약 통제할 수 없다면 그 상황에서 감정적으로 분리되기 위해 노력하라.
- 집이나 직장에서 자주 발생하는 골치 아픈 상황에 대해 생각해 보고 그 상황을 유리하게 활용할 수 있는 방법에 대해 고민하라.
- 태도와 관계 중 더 자신 있는 부분은 무엇인가? 부족한 점은 어떻게 강화시킬 것인가?
- 걱정을 많이 하는 편인가? 그렇다면 다음 3주 동안 앞에서 제시한 '걱정이 삶에 끼치는 영향을 줄이기 위한 방법'을 실천해 보라. 그리고 컴퓨터나 일기장에 그 진행 상황을 기록하라.

08
주도적인 태도

긍정적이고 가치 있는 책임감

분주한 4차선 고속도로를 질주하다가 약 4km 앞에 출구가 있다는 표지판을 발견한다. 그 정도 거리면 더 가다가 차선을 바꿔도 충분하겠지만 즉시 오른쪽 깜빡이를 켜고 차선을 바꾸기로 한다. 그리고 달려오는 차들 사이로 여유롭게 차선을 바꾼다. 아무도 다치지 않도록 주의하는 것은 당연하다. 하지만 4km 전방에 출구가 있다는 표지판을 놓쳤거나 무시했다면 아마 자기 자신과 다른 운전자들의 안전을 위협하며 마지막 순간에 차선을 바꾸느라 허둥거려야 했을 것이다. 표지판을 보고 즉시 차선을 바꿨기 때문에 상황은 쓸데없이 복잡해질 필요가 없었다. 그것이 바로 주도적인 행동이다.

주도적인 태도는 긍정적인 태도와 함께 세상을 살아가는 적극적이고 현명한 방법이다. 어떤 상황에서든 최대한 빨리 필요한 조치를 취해 상황을 자신에게 유리하게 만드는 것이 바로 주도적인 태도다. 주도적인 태도의 반대는 대응적인 태도로, 이미 문제가 발생한 후에 혹은 해결하기 어려운 상태로 발전한 후에야 이를 해결하기 위해 나서는 태도다. 고속도로에서 주도적으로 행동하는 것도 현명한 태도지만 일상생활의 모든 면에서도 주도적인 태도는 필요하다. 주도적인 태도는 삶의 모든 노력을 더 가치 있게 만들어 준다.

'주도적인 삶을 위한 10가지 방법' '현명한 여성은 삶을 주도한다' '10대를 위한 주도적인 양육법' '주도적인 펀드 투자' '주도적인 종교 생활' '행복을 주도하는 삶' 등 구글에서 '주도'라는 단어를 검색하면 순식간에 7000만 개가 넘는 결과를 얻을 수 있다. 이를 보면 그 단어가 무슨 뜻인지 이해하기 어려워하는 사람은 거의 없는 것 같다.

주도성이 이 시대 최고의 덕으로 칭송받게 된 것은 어쩌면 스티븐 코비의 영향 때문인지도 모른다. 그의 상징적인 책 『성공하는 사람들의 10가지 습관』에서 주도적인 태도는 신속하게 대처한다는 뜻 이상으로 쓰인다. 첫 번째 습관으로 당당히 언급된 주도적인 태도는 중요한 미덕일 뿐만 아니라 자기 통제와 같은 다른 것들을 가능하게 하는 덕 이상으로 제시된다. 코비가 말하는 주도적인 태도는 철저하게 긍정적이고 가치에 따라 행동하며 자신이 하는 모든 행동에 책임을 지는 태도다. 코비가 말하는 주도적인 사람은 성품 윤리를 체현한 전형적인 인물로 가장 대표적인 사람은 바로 마하트마 간디라고 할 수 있다.

신중한 태도

삶이라는 여행에서 만나는 사람들을 평가할 때 주도적인 태도를 보이는 것은 살면서 꼭 필요한 기술 중 하나다. 선한 의도를 가진 사람들은 대부분 타인의 선한 의도 또한 잘 알아챈다. 사람들이 선한 의도를 갖고 있다고 가정하면 타인과 관계를 맺고 의사소통하는 데 분명 도움이 되기도 하지만 주의하지 않으면 골칫거리가 될 수도 있다.

그러니 마음을 열도록 하되 주의하라. 다른 사람들의 선한 행동에 친절하게 반응하되 그 사람의 마음에 들지 않는 모습도 파악하라. 상호작용이 많아질수록 판단의 근거 또한 많아질 것이다. 충분한 주의와 심사숙고는 쉽지 않은 일이지만 이를 위해 투자한 시간과 에너지는 분명 큰 도움이 된다. 생각 없는 사람들이 뜻하지 않게 끼치는 피해를 덜 받게 될 것이고 사악한 음모나 행동에도 덜 속아 넘어갈 것이다.

우리는 한 번뿐인 자신의 삶을 보호해야 할 책임이 있다. 물론 힘든 상황을 해결할 수 있는 기발한 방법이 늘 떠오른다면 좋겠지만 성공적인 삶은 힘든 상황이 일어날 수도 있다는 사실을 받아들이고 이를 위해 충분한 준비를 하는 것이다. 실수는 현명한 선택을 할 준비가 부족할 때 우리가 내리는 나쁜 선택이다. 타인에 대한 긍정적인 관점을 유지하되 그 근거가 무엇인지 주의를 기울이고 이를 평가하고 용기를 내 그에 따라 행동하라. 이것 또한 주도적인 태도다.

학습 태도의 기술

균형 잡힌 식사와 충분한 휴식, 규칙적인 운동을 통해 신체적, 정신적 상태를 최상으로 유지하려고 노력하라. 주변 사람들이나 동기들, 친구들의 도움을 받을 수 있는 사회적 토대를 구축하라. 쉬는 시간에는 수업 내용에 관심 있는 친구들과 책에서 제시한 다양하고 흥미로운 주제들에 대해 이야기를 나누고 서로의 의견을 비교해 보라. 즉 끊임없이 사고하라. 수업 내용의 모든 부분을 완벽히 이해하고 넘어가라. 단순한 '읽기'는 진짜 공부가 아니다. 읽기의 효과는 짧지만 공부의 효과는 쉽게 사라지지 않는다. 공부는 읽은 내용을 이해하고 받아들이기 위해 그에 관해 깊이 사고하는 것이다.

예습을 하면서 자신의 의견과 질문을 기록해 수업 시간에 참고하라. 예습과 복습을 통해 수업 내용에 대해 더 깊이 생각할수록 수업에 더 적극적으로 참여할 수 있고 더 많이 배울 수 있다. 꼭 필요한 공부를 하고 있다고 생각하면 그 주제에 대한 관심도 커지고 수업 집중력도 높아질 것이다.

수업 시간에는 방해 요소가 가장 적은 앞자리에 앉는 것이 좋다. 전자 기기도 수업 시간에는 쉬어야 한다. 전원을 끈 다음 가방 깊은 곳에 넣어 두어라. 그리고 교사에게 집중하라. 눈을 맞추고 이해의 의미로 가끔 고개를 끄덕여라. 궁금한 내용이 생기면 질문을 통해 확실히 이해하되 자연스럽게 질문할 수 있는 때를 기다려 질문하라.

마음을 열고 내용을 받아들여야 하지만 비판적 사고 또한 필요하다. 교사가 특정 방법론이나 관념에 편파적인 태도를 보이지는 않는가? 교사의 주장을 뒷받침하는 근거는 있는가? 비판적인 태도를 견지하면 집중력이 높아지고 높아진 집중력은 다시 비판적인 사고 능력을 키워 준다. 옆 자리에 앉은 학생을 따라 컴퓨터 스크린만 쳐다보지 마라. 수업 중에 전화를 걸거나 받기 위해 복도로 나가는 학생들을 무시하라. 절대 집중력을 깨지 마라. 물론 집중력이 약해지며 졸음이 몰려올 때가 있을 것이다. 그럴 경우 가장 좋은 방법은 활발하게 수업을 즐기고 있는 척 행동하는 것이다. 의자에 파묻혀 있었다면 똑바로 앉아 조용히 적극적인 자세를 취하라. 필기를 하거나 가끔 자세를 바꾸고 중요한 의견이나 필요한 질문이 있으면 손을 들어라.

마지막으로 수업 중의 모든 활동 목표가 학기말 점수가 되게 하지 마라. 만약 그렇다면 자유롭고 흥미로우며 가끔은 무모하기도 한, 지적 추구를 위해 사용할 수 있는 에너지의 일부가 좋은 점수를 위해 교사를 기쁘게 하겠다는 결심 때문에 사라질 수 있다. 학기말 점수는 이뤄야 할 목표가 아니라 착실하게 공부할 때 자연스럽게 받을 수 있는 선물이다.

사업 태도의 기술

유머 작가 데이브 배리는 이렇게 말했다. "오늘날 기업과 조직에는 두 가지 중요한 일이 있다. 첫째는 회의에 참가하고 있는 사람들을 위해 전화 메시지를 남겨 주는 것. 둘째는 회의에 참가하는 것."

많은 사람들이 수많은 회의를 조직하고 참가하며 회의에서 결정된 사항을 이행하기 위해 엄청난 시간과 에너지를 투자한다. 하지만 너무 많은 회의에 지친 나머지 어쩔 수 없이 참가하긴 주도적인 자세로 임하지는 않는다. 전문적인 태도 역시 보이지 않는다. 몹시 안타까운 일이다. 당신이 꼭 필요한 회의에는 집중해서 참가해야 한다. 쓸데없는 메시지를 주고

받으며 마지못해 자리를 차지하고 있는가? 만약 회의에 집중했다면 지금 토론하고 있는 새로운 정책이 자기 부서에 몹시 해로운 정책이라는 사실을 발견할 수 있었을 것이다. 하지만 집중하지 못했기 때문에 그 정책의 실행을 연기하자고 동료들을 설득할 수 있는 마지막 기회를 놓친 것이다.

직원들이 적극적으로 회의에 참가하도록 만드는 것은 매니저의 책임이다. 회의 내용은 꼭 필요하고 확실한 내용이어야 하며 회의는 반드시 정해진 시간 안에 마쳐야 한다. 또한 회의할 내용에 대해 미리 의견을 준비하라. 회의 내용에 대해 더 자세히 알수록 그 내용이 자신과 어떤 관련이 있는지 알게 될 것이고 그래서 더 집중할 필요를 느낄 것이며 필요할 때 의견을 개진할 수 있을 것이다.

회의 도중에는 적극적인 자세와 시선으로 회의에 완전히 집중하고 있다는 것을 보여 주라. 더불어 자신의 생각이나 필요한 내용을 기록하면 정신이 산만해지는 것을 방지할 수 있다. 또한 회의에 참가하는 유일한 이유는 바로 회의 내용을 토론하기 위한 것임을 상기해 회의를 더 흥미로운 것으로 만들어라.

회의를 마치고 회의실을 나설 때 일에 관해서나 삶 전반에 관한 중요한 깨달음을 얻거나 다시 떠올릴 수 있다는 것이 회의에 참가하는 또 다른 이유일 수 있다. 중요한 것은 그 깨달음이 정말 필요하다는 사실이다. 그 두 가지 목표를 이루겠다고 생각할 때 결정적인 선택의 순간에 발휘되는 자신의 통찰력이 얼마나 중요한지 더 깊이 이해하게 될 것이다. 그리고 삶의 전반적인 가치 또한 상당히 높아질 것이다.

주도적인 자기 관리

사랑하는 사람을 돌봐야 할 책임이 있다고 생각하는가? 만약 그렇다면 자신의 신체적 건강과 정신적 건강 그리고 전반적인 행복에 대해 주도적인 태도를 보여야 할 책임이 있다.

예방의학 역시 주도적인 태도라고 할 수 있다. 유기농 음식과 저지방 음식을 먹고 충분한 휴식을 취하며 정기적으로 검진을 받아라. 운동을 하고 가능하면 스트레스를 피하고 삶을 최대한 긍정적으로 바라보라. 이를 실천하면 훨씬 오래 살 수 있다. 그리고 더 건강하고 활기차게 오래 살수록 사랑하는 사람들을 더 잘 돌볼 수 있다. 활력 있는 몸 상태는 기분에도 긍정적인 영향을 끼친다. 게다가 기분은 전염성이 있기 때문에 다른 사람들에게도 좋은 영향을 끼친다. 논쟁과 싸움을 줄이면 더 행복해질 것이고 주변 사람들과 당신이 돌봐야 할 사람들 또한 더 행복해질 것이다.

요약하자면 이렇다. 자신을 돌보면 더 건강하고 행복한 삶을 살 수 있으며 주변 사람들에게도 긍정적인 영향을 끼칠 수 있다. 그러므로 건강을 유지하기 위해 노력하는 것은 어떤 면에서 도덕적 의무라고도 할 수 있다. 최대한 행복해지는 것도 마찬가지다. 행복은 주도적인 태도의 궁극적 목표다.

주도적인 태도의 이점

주도적인 태도를 유지하면 다음과 같은 이점을 누릴 수 있다.

- 감정을 통제하고 그로 인해 선택을 통제할 수 있다.
- 자신과 세상에 저항 의지를 보여 줌으로써 자존감을 높일 수 있다.

- 문제가 복잡해지기 전에 행동함으로써 자신과 사랑하는 사람들, 동료들의 스트레스를 줄일 수 있다.
- 앞장서서 문제를 해결하는 사람이라는 명성을 얻어 직장에서 꼭 필요한 사람이 되고 승진 등의 보상 또한 받게 된다.
- 생각하는 삶을 영위함으로써 더 안전한 삶을 살게 된다.
- 올바르고 당연한 일을 처리한다는 생각에 만족감을 느낀다.
- 반갑지 않은 임무를 재빨리 처리함으로써 일을 미루면서 느끼는 괴로움을 경험할 필요가 없다.

주도적인 태도를 키우는 법

주도적인 태도가 부족하다고 느낀다면 다음의 방법을 실천해보라.

- 주도적인 태도의 효과를 믿어라. 《직장 건강심리학 저널》과 《고급 경영학회》 등에 실린 수많은 연구에서 주도적인 태도가 개인과 조직 모두에게 득이 된다는 사실을 밝혔다. 주도적인 태도의 효과를 믿을수록 이를 습득하려는 노력이 성공할

가능성 또한 커질 것이다.

- 패배적인 사고방식을 바꾸고 싶다면 주도적인 태도로 몇 가지 프로젝트를 진행해 보라. 마감일 훨씬 전에 보고서를 제출해 상사가 프레젠테이션을 준비할 시간을 충분히 제공하는 행동 등을 예로 들 수 있다. 나중에는 더 도덕적인 목표를 세울 수도 있다. 예를 들면 매년 회사가 지원하는 중요한 자선 행사 준비위원회에 지원하는 것처럼 말이다. 주도적인 태도를 습득하기 위해서는 특히 초반부에 스스로의 노력이 필요하다. 하지만 이를 통해 자신감 또한 얻을 수 있을 것이다.

- 주도적인 태도를 습득하는 과정에서 과도한 스트레스를 받지 않도록 마음을 느긋하게 먹어라. 특히 지금까지 미루는 습관이 있었다면 주도적인 태도를 습득하는 데 더 많은 시간과 의지가 필요할 것이다. 그렇더라도 포기하지 말고 계속 노력하라. 주도적인 태도는 제2의 천성이 될 수 있다.

- 늘 호기심을 갖고 집중하라. 주변 환경에 관심을 기울이며 이를 더 좋게 할 수 있는 방법을 즉시 떠올릴 수 있는 사람이 돼라. 혹시 당신은 계단 입구의 전등이 나갔다고 식당 매니저에게 즉각 알려 주는 적극적인 고객인가? 만약 그렇다면 경의

를 표한다! 일상생활의 사소한 일에서 주도적인 태도를 발휘하는 것은 더 중요한 순간에도 주도적일 수 있도록 자신을 훈련하는 것이다.

- 관계는 가꾸지 않으면 시든다. 가까운 사람들과 계속 연락을 주고받아라. 당신이 그들을 중요하게 여긴다는 사실을 알려라. 삶의 다양한 길목에서 사회적 지지의 토대보다 더 중요한 것은 별로 없다. 그런 사회적 지지의 토대가 우리를 건강하게 하고 세상을 탐험할 수 있게 한다.

- 한 번 관계를 맺은 사람들에 관해 지속적으로 기록하라. 전문가들에 따르면 현대 사회의 일은 우리 부모와 조부모 세대의 일보다 훨씬 분열되어 있다. 요즘은 이직이 보편화되어 있기 때문에 우리는 일을 하든 그렇지 않든 늘 일자리를 찾고 있다. 게다가 비즈니스 세계에서도 주도적인 태도로 관계의 질을 높이는 것이 점차 중요해질 것이다. 새로운 아이디어를 찾기 위해 사람들을 만나기 전에 그 사람에 대한 기록을 참고하라.

- 교육이 중요하다. 다양한 프로그램, 수업, 개인 교습이 넘쳐날 정도로 많다. 그 많은 수업들 중 당신의 흥미와 목표에 알맞은 것이 무엇인지 찾아라. MBA 학위를 딸 수도 있고 개인

사업을 위해 온라인 기초 독일어 강좌를 들을 수도 있다. 어쩌면 시장의 요구에 응답하는 방법으로 웨비나(웹과 세미나의 합성어로 인터넷 상에서 열리는 회의를 말한다-옮긴이)에 참석할 수도 있다. 훌륭한 학교에서 자신에게 필요한 좋은 수업을 듣는 것은 유용한 지식을 습득할 수 있는 방법일 뿐만 아니라 이력서에도 도움이 되어 구직 시장에서의 경쟁력 또한 높여 줄 것이다.

- 주도적인 태도를 생각에서 현실로 만드는 것은 바로 의지다. 의지력을 높이면 주도적인 능력 또한 강화된다.

준비한 자의 월계관

다국적 화학 회사의 30대 과학자였던 지나는 이렇게 말했다.

"컴퓨터 천재인 친구가 하나 있었어요. 그런데 한번은 그 친구가 제 이메일을 해킹한 거예요. 재미로 그랬다면서요. 진짜 어처구니가 없었죠. 저는 그 친구에게 정말 화가 났다고 말했어요. 그리고 이메일은 물론 온라인 요금 청구서의 재정 정보, 다양한 계좌의 비밀번호 등 제 사생활이 얼마나 노출되었을지 걱정됐죠. 할 수 없이 새로운 이메일 계정을 만들고 친구들과 가족들, 신용카드 회사와 공공 서비스 회사, 은행 등에 바뀐 이메일 주소를 알리느라 몇 주가 걸렸어요. 그 친구는 제가 사소한 일을 심각하게 받아들인다며 그냥 마음 편히 다 잊으라고 말하더군요. 그 친구는 자신의 실없는 행동이 제 삶에 얼마나 큰 피해를 끼쳤는지 깨닫지도 못하고 신경 쓰지도 않는 것 같았어요. 그 후로 저는 그 친구와 연락을 끊었지요. 그리고 몇 주 후 파티에 초대 받았는데 그 친구도 그 파티에 초대를 받았더라고요. 파티에서 그 친구를 마주칠지도 모른다고 생각하니 너무 불안했어요. 그래서 저는 그와 나누게 될 대화를 떠올려 보며 그 상황에 대한 통제력을 키우려고 노력했어요. 결국 파티에서 그 친구를 만났는데 그는 주변 사람들은 아랑곳하지 않은 채 저한테 싸움을 걸려고 하더군요. 장난 조금 친 걸로 자신을 비난한다면서 제가 마치 징징거리는 어린 아이인 양 사람들 앞에서 저를 모욕했어요. 저는 다른 손님들, 특히 파티 주최자를 불편한하게 만들지 않기 위해 숨을 깊이 들이마시며 마음을 가라앉혔어요. 그곳은 그 친구한테 복수할 시간과 장소로 적합하지 않았으니까요. 미리 준비했던 덕분에 저는 이성을 유지하며 차분하고 침착하게 행동할 수 있었어요. 다른 친구들도 그가 계속 자극하는데도 제가 냉정을 잃지 않는다는 사실에 감명을 받았을 거예요. 쓸데없는 싸움을 거부하는 제 모습에서 강함을 느꼈을 거예요. 눈에 거슬리고 불쾌하고 야비해 보인 것은 바로 그 친구였죠. 하지만 미리 준비하지 않았다면 그 문제를 그렇게 잘 해결할 수 없었을 거라고 생각해요."

◆ tip

- 주도적인 태도에 대한 당신의 정의는 무엇인가?
- 주도적인 태도가 중요한 역할을 한 경험에 대해 생각해 보라.
- 주도적인 태도가 자기 자신에게뿐만 아니라 다른 사람에게도 이익이 되는 상황에 대해 적어 보라. 비행기 기내 수하물을 짐칸에 넣는 것을 예로 들어 보자. 짐의 크기와 무게에 관한 세세한 규칙을 준수해야만 다른 승객들에게 불편을 주거나 서로 얼굴을 붉히지 않을 수 있다.
- 주도적인 태도로 삶을 영위하는 것의 가장 큰 장점은 무엇이라고 생각하는가?

09
현명한 결정

파리스의 심판

신화에는 운명을 좌우하는 영웅들의 선택에 관한 이야기가 많이 등장한다. 물론 현명한 선택일 수도 있고 어리석은 선택일 수도 있다. 4장에서 언급한 '헤라클레스의 선택'도 그런 이야기 중 하나이며 '파리스의 심판' 역시 마찬가지다. 헤라클레스는 고되고 힘들지만 보람 있고 영예로운 길을 선택했다. 하지만 파리스는 삶의 중요한 순간에서 헤라클레스와는 다른 선택을 했고 그 선택은 엄청난 결과를 초래했다.

이야기는 그 유명한 아킬레스의 부모인 펠레무스와 테티

스의 결혼으로부터 시작된다. 결혼식에는 불화의 여신 에리스를 제외한 올림포스 산의 모든 신들이 초대를 받았다. 이에 에리스는 불화의 여신다운 복수를 한다. 초대받지 못한 축제에 모습을 드러낸 에리스는 천국의 음식이 가득 차려진 테이블 위로 황금 사과를 던지는데 그 사과에는 연회에 참석한 여신들 중 가장 아름다운 여신을 위한 사과라고 새겨져 있었다.

세 여신 헤라와 아테나, 아프로디테가 서로 자기가 먹어야 한다고 주장하며 다투자 제우스는 어리석게도 보잘것없는 한 인간에게 최고의 미인을 가리는 임무를 맡겼다. 최고의 미인을 가리게 될 인간이 바로 트로이의 왕 프리아모스의 아들 파리스였다.

하지만 모두 알다시피 파리스는 세 명의 여신 중 누가 가장 아름다운가보다 그 세 여신이 제시한 뇌물 중 어떤 것이 가장 가치 있는지에 더 주목했다. 헤라는 자신을 뽑아 주면 동쪽과 서쪽을 다스릴 수 있는 왕의 자리를 주겠다고 약속했다. 아테나는 지혜를 줄 뿐만 아니라 언제나 전쟁에서 승리하게 만들어 주겠다고 약속했다. 하지만 아프로디테의 제안이 가장 유혹적이었다. 바로 세상에서 가장 아름다운 여인의 사랑이었다. 세상에서 가장 아름다운 여인은 바로 스파르타의 왕 메넬라오스의 아내 헬렌이었고 결국 파리스는 헬렌을 트로이로 납치하기에 이른다.

그리스는 헬렌을 되찾기 위해, 그리고 트로이 사람들의 무모한 행동에 복수하기 위해 세상에 없던 가장 강한 군대와 함대를 꾸렸다. 파리스는 아프로디테에게 황금 사과를 건네주며 그녀가 가장 아름답다고 선언함으로써 자신의 운명을 결정했다(그는 전쟁터에서 죽게 될 것이다). 뿐만 아니라 트로이의 운명 또한 결정했다(그리스의 침략으로 멸망할 것이다).

이 신화를 통해 생각해 봐야 할 점은 다음과 같다.

- 누구나 결정을 내릴 때 잘못된 판단을 할 수 있다. 올림포스를 다스리는 위대한 제우스 신 또한 신들의 경쟁에서 인간에게 그 심판을 맡기는 잘못된 판단을 내렸다. 이 이야기를 통해 '심판관을 뽑을 때는 다시 한 번 그 자격을 확인하라'는 교훈을 얻을 수 있다.
- 누구나 자신이 가지고 있는 것 이상의 능력이 필요한 자리를 받아들이고 싶은 유혹에 빠질 때가 있다. 하지만 아첨의 유혹

을 물리쳐야 한다. 파리스는 감히 제우스의 명령을 거부할 수 없었다는 변명이라도 할 수 있었다. 하지만 보통사람들에게는 그런 핑계거리가 없다.

- 한 번 내린 어리석은 결정이 또 다른 어리석은 결정을 초래할 수 있다. 파리스는 제우스의 명령을 받아들였기 때문에 여신들이 제시한 뇌물의 유혹에 빠졌다. 그리고 그 세 가지 뇌물 중 문제 발생 소지가 가장 큰 뇌물을 선택했다. 그가 원했던 것은 바로 그리스 왕의 아내였고 그 탐욕은 바로 전쟁의 불씨가 됐다.
- 개인적인 문제처럼 보이는 것은 좋은 쪽으로든 나쁜 쪽으로든 많은 사람들의 삶에 영향을 끼칠 수 있다. 파리스가 선택했던 사랑은 트로이와 그리스의 전쟁을 불러일으켰다.
- 파리스와 헤라클레스 이야기는 우리에게 정반대의 교훈을 전해 주지만 두 이야기 모두 삶의 기술은 선택의 기술이라는 사실을 말해 준다. 삶은 언제나 우리를 시험한다. 중요하지 않은 시험도 있지만 몹시 중요한 시험도 있다. 그 중요한 시험에서 실수하지 않는 것이 바로 훌륭한 삶의 비결이다.

삶은 선택의 연속이다

"아니에요. 아니에요. 자, 제 혀를 잘 보세요." 챠챠 교수는 진한 이탈리아식 블랙커피를 홀짝이며 이렇게 말했다. "혀가 이 사이에 있는 게 보이죠? the, the, the, 자 다시 한 번 해봐요." 그를 따라하니 갑자기 하나도 어렵지 않다. "아까보다 좋아요. 계속 해봐요. the, the, the." 약 50년이 지난 오늘날까지 나는 영어 'th'의 어려운 발음을 할 수 있도록 끈기 있게 도와주던 챠챠 교수와 뻐드렁니가 보이는 그의 입에서 달콤하고 씁쓰름하게 퍼지던 에스프레소 향기를 기억한다.

1950년대 말, 나는 깡마른 여덟 살 소년이었다. 또래에 비해 작았지만 공부는 꽤 잘했다. 그러던 어느 날, 어머니가 나를 불러 놓고 이렇게 말씀하셨다. "두 가지 다 배울 수는 없지만 피아노와 영어 둘 중 하나는 배워 보자. 뭘 배우고 싶니?"

확실한 이유는 기억나지 않지만 나는 영어를 선택했다. 그래서 격주에 한 번 챠챠 교수의 집을 방문했다. 그는 내가 살고 있던 북부 이탈리아의 작은 마을에서는 보기 힘든 훌륭한 영어 선생님이었다. 중학교에 진학해 영어 수업을 듣기 시작하면서 내 영어는 빛을 발했다. 고등학교 때도 영어는 전혀 두렵지 않았고 대학교 3학년 때는 미국 여행 지원금도 받을 수 있었다. 그로부터 몇 년 후 나는 UCLA에서 공부하게 되었고 수월하게 박사 학위까지 마친 다음 미국 대학에서 교수 생활을 시작했다.

가끔 친구들의 삶과 몹시 다른 내 삶이 수십 년 전에 의심의 여지없이 내린 결정의 결과는 아닐까 하는 생각이 든다. 그렇게 어린 나이에 챠챠 교수에게서 영어를 배우지 않았다면 내가 지금 볼티모어에 있는 집에서 영어로 이 책을 집필할 수 있었을까? 아닐 것이다. 만약 다른 삶을 선택했다면 내 삶은 더 행복했을까? 몹시 다른 인생이 되었으리라는 것만은 분명하다. 미국에서 살아온 60여 년을 되돌아보며 확신할 수 있는 것이 한 가지 있다면 오늘날 내 모습은 내가 살면서 지금까지 내려온, 삶을 좌우할 중요한 선택의 결과였다는 것이다.

부모님께 현명한 결정을 내리는 법을 제대로 배웠기 때문이라고 말할 수 있으면 좋겠지만 나는 그렇지 못했다. 내가 만난 많은 선생님들 중 단 한 명이라도 행복은 현명한 선택에 달려 있다고 강조해 주었다면, 그리고 현명하게 선택하는 방법을 가르쳐 주었다면 좋겠지만 나는 그 역시 배우지 못했다.

현명하게 선택하는 법을 배웠다면 그 방법이 지금까지 내 삶에 얼마나 큰 자산이 되었겠는가! 내가 여러분에게 현명하게 선택하는 방법에 관해 충고할 수 있는 자격을 갖고 있다면 이는 순전히 살면서 어리석은 판단을 내렸던 내 경험 덕분이라고 말할 수 있다.

후회로 점철된 삶은 힘들지만 삶이 전하는 이야기에 귀 기울이고 반성하려 한다면 깨달음을 얻을 수도 있다. 나는 내 삶의 이야기를 잘 들었고 또 반성했다. 정말이다. 여러분은 내 이야기를 통해 그런 실수를 겪지 않고도 한 가지 깨달음을 얻을 수 있을 것이다. '똑똑한 사람은 자신의 실수를 통해 배운다. 지혜로운 사람은 타인의 실수를 통해 배운다'는 격언처럼 말이다.

살면서 얼마나 많고 다양한 선택과 결정을 하게 될지 생각해 본 적이 있는가? 사실상 사소한 것부터 중요한 것까지 깨어 있는 시간 동안 선택을 하지 않는 순간은 없다고 볼 수 있다. 숨을 멈추지 않는 것처럼 우리는 계속해서 선택을 한다. 커피를 마실 것인가 디저트를 먹을 것인가 아니면 둘 다인가? 학부 중심의 소규모 리버럴 아츠 칼리지를 갈 것인가 아니면 규모가 큰 주립 대학을 갈 것인가? 양심적으로 재활용을 할 것인가 아니면 아무 생각 없이 그냥 버릴 것인가? 문 앞에서 데이트를 끝낼 것인가 아니면 준비 없는 섹스를 할 것인가? 계속 건강검진을 미룰 것인가 아니면 당장 전화해서 예약을 할 것인가? 서류 가방을 트렁크에 넣고 차 문을 잠글 것인가 아니면 밖에서도 다 보이게 뒷좌석에 두고 내릴 것인가? 배우자에게 상처 받았다고 말할 것인가 아니면 아무렇지도 않은 척할 것인가? 러시아워가 끝나길 기다릴 것인가 아니면 그 교통 체증 속으로 들어갈 것인가? 빨간 불에 브레이크를 밟을 것인가 아니면 그대로 질주할 것인가? 기업의 톱니바퀴 하나로 남을 것인가 아니면 자신만의 사업을 시작할 것인가? 결혼과 술병 중 무엇을 선택할 것인가? 바람을 피울 것인가 유혹을 물리칠 것인가?

중요하지 않은 결정은 없다. 왜냐하면 그 모든 결정이 삶을 만들어 가기 때문이다. 그 모든 결정이 어떤 가능성은 열고 또 어떤 가능성은 닫기 때문이며, 그 모든 결정이 행복 또는 불행을, 아니면 둘 다 가져올 수도 있기 때문이다.

둘 중 하나를 선택할 수도 있지만 선택하지 않겠다고 선택할 수도 있다. 결국 그 또한 하나의 선택이다. 인간만이 의식적인 선택을 할 수 있다. 선택은 자기표현의 일부이자 본질적인 자유이며 개인의 정체성을 상징한다. 민주적인 정치제도는 선택의 향연이며 슈퍼마켓 통로는 넘쳐나는 선택의 확실한 증거다. 우리는 세상을 살펴보며 끊임없이 이렇게 되뇐다. '이건 마음에 들어. 이건 싫어.' 그리고 무엇을 받아들이고 무엇을 밀어낼지 선택한다. 세상을 대하는 태도 또한 선택할 수 있다. 그리고 그 태도가 결국 어떤 삶을 살게 될지 좌우한다.

삶에서 곤란한 상황에 처하게 되는 근본적인 원인 한 가지는 바로 아무 준비 없이 중요한 선택의 순간을 마주하는 것이다. 일상생활의 사소한 일에서부터 올바른 선택을 함으로써 삶의 기로에서 중대한 결정을 내려야 할 때를 준비할 수 있다.

어리석은 선택의 합리화

2007년 3월 26일 오후 3시 39분, 2005년식 빨간색 지프 체로키 한 대가 새크라멘토의 사우스 랜드 파크 드라이브에서 시속 약 110km의 속도로 다가오는 차들을 향해 돌진했다. 천천히 가다가 정면으로 부딪힌 차는 1984년식 크라이슬러 르베이론으로 여자 네 명과 아기 한 명이 타고 있었다. 다섯 명 중 아기를 포함한 네 명이 그 자리에서 사망했고 나머지 한 명은 중상을 입었다. 예순네 살의 체로키 운전자는 경상을 입고 살아남았다. 그의 혈중 알코올 농도는 기준치의 두 배였다. 그 사건의 재판에서 증언한 경찰에 따르면 이 비극적인 사고를 일으킨 체로키 운전자는 평소 음주 운전을 하지 않았지만 그날은 "어리석은 선택을 했다"고 말했다고 한다.

음주 운전이든 방아쇠를 당겨 사람을 죽였든 죄 없는 여성을 성폭행하고 그녀의 인생을 망쳤든 '나쁜 선택을 했다'거나 '어리석은 결정을 했다'는 발언은 보통 자신의 끔찍한 행동에 대한 합리화로 사용되기도 한다.

잘못을 인정하면서도 은근히 자기 행동을 변명하는 중의적인 표현이다. 마음에 들지는 않지만 생각해 보면 정확한 표현이기도 하다. 그렇다. 삶을 통째로 뒤엎어버린 정말 나쁜 선택이었다. 하지만 어리석은 선택도 선택은 선택이다. 가해자와 피해자 모두에게 중대한 사건을 일으키고도 '어리석은 선택이었다'고 손쉽게 변명하는 모습을 통해 선택이 우리 삶에 얼마나 큰 영향을 끼치는지 명확히 알 수 있다.

현명한 결정을 내리는 법

누구도 부정할 수 없는 사실이 있다. 바로 삶의 질은 선택의 질에 달려 있으며 선택의 질은 사고의 질에 달려 있다는 것이다. 우리의 삶은 또한 우리가 통제할 수 없는 환경과 사건의 영향을 받는다. 누구나 예상치 못한 역경을 겪지 않는가. 하지만 핵심은 명백하다. 조건이 다르지 않다면 우리 삶의 질을 결정하는 것은 바로 지혜롭게 선택할 수 있는 능력이다.

그렇다면 여기서 중요한 질문은 '어떻게 현명한 결정을 내릴 수 있는가?' 하는 것이다. 가장 안타까운 점은 우리는 학교에서 그런 훈련을 거의 받지 못한다는 것이다. 그렇기 때문에 스스로 해결해야 한다. 우리는 지도도 없이 선택의 미로에서 헤맨다. 그리고 온갖 시행착오를 거치며 겨우 그 미로를 빠져나간다. 우리는 상처를 받으며 소중한 경험을 축적한다. 가끔 그 경험을 활용할 수 있을 때도 있지만 우왕좌왕 헤매면서 돌이킬 수 없는 피해를 입기도 한다. 쉽지도 않고 대가도 큰 삶의 방식이다.

하지만 살면서 누구나 다양한 도전을 마주하게 되고 또 그 모든 상황을 구체적으로 준비할 수도 없다. 그렇기 때문에 삶의 갈림길에서, 특히 삶을 바꿀 정도의 결정을 내려야 할 때 현명한 선택을 할 수 있도록 만반의 준비를 하는 것이 무엇보다 중요하다. 현명한 선택이 반드시 어려운 상황에 처한 바로 그 순간 곧바로 해결책을 찾아내는 것일 필요는 없다. 그런 상황이 일어날 수 있다는 사실을 인지하고 충분한 준비로 그 상황을 맞이하는 것 역시 현명한 선택일 수 있다. 앞으로 중요한 선택을 내려야 할 때 다음 다섯 가지 제안과 네 가지 주의점이 큰 도움이 될 것이다.

의식적으로 선택하라

대부분의 선택은 미리 계획되지 않은 선택이다. 선택의 기로에서 이렇게 생각하는 사람은 거의 없을 것이다. '나는 지금 내 자신과 다른 사람들 몇 명의 삶의 질에 엄청난 영향을 끼칠 선택을 앞두고 있다. 나는 현명한 선택을 내리고 싶다.' 하지만 그래야 한다. 삶의 질을 높일 수 있는 가장 단순하고 효과적인 방법 중 하나는 의식적인 선택의 횟수를 늘리는 것이다. 선택을 앞두고 있다는 사실을 인지하고 현명한 선택을 내리는 것이 얼마나 중요한지 되새긴 다음 지금 내려야 하는 선택의 중요성에 대해 미리 충분히 생각하라.

최대한 많은 정보를 모아라

현재 상황과 눈앞의 선택이 가져올 상황에 대해 잘 생각하라. 이는 선택에 필요한 자신감을 높여 줄 것이다. 선택이 초래할 결과를 확실히 그려 보는 것은 의사 결정 과정에서 매우 중요하다.

가능한 선택의 목록을 작성하라

모든 합리적인 선택을 고려하라. 원칙에 따라 가능한 모든 선택을 평가하고 각각의 선택이 자신과 타인에게 끼칠 영향에 대해 숙고하라. 그리고 그중에서 가장 마음에 드는 두 가지를 선택하라. 가장 쉬운 선택을 하라는 말이 아니다. 불편하다거나 곤란하다는 이유로 현명한 선택을 제외해서는 안 된다.

둘 중 하나를 선택하라

두 가지 중에서 가까운 미래와 장기적인 미래의 계획에 더 잘 들어맞을 것 같은 한 가지를 선택하라. 선택에 대한 확신이 없다면 장단점을 하나하나 적어가며 평가하고 단점이 장점보다 많으면 처음부터 다시 고민하라. 두 가지 선택 모두에 결함이 있었을지도 모른다.

실행 계획을 세워라

선택이 초래할 수 있는 결과에 대해 주의 깊게 생각하라. 관념적으로 생각하지 말고 실제 상황이 어떻게 될지 구체적으로 그려 보라.

이 모든 과정에서 주의할 점 네 가지는 다음과 같다.

이성적으로 사고하라

침착하고 차분한 상태에서 선택의 장단점을 평가할 준비가 되었을 때 중요한 결정을 내려라. 라스베이거스로 사랑의 도피를 하는 것과 같은 충동적인 선택은 피해야 한다. 직장에서의 선택에는 내적 논리가 필요하다. 회사의 운영 원칙에 합당한 결정을 내려야 한다. 직원들에게 과도한 긴장을 주어서도 안 된다. 당신의 결정이 실행된 후에도 조직은 건재해야 하기 때문이다.

도덕적으로 사고하라

당신의 선택이 누구에게든 부당한 고통을 주어서는 안 된다. 자기 자신은 물론 다른 사람들에게도 불법적인 일을 하게 해서는 안 된다. 직장에서의 선택은 개인을 위한 선택이 아니라 전체를 위한 선택이다. 개인의 이익보다 조직 전체의 이익이 우선되어야 한다.

비판적으로 사고하라

선택을 위해 수집한 정보의 진위와 타당성에 대해 의심하라. 당신이 수집한 정보는 입증할 수 있는 자료인가 아니면 가정일 뿐인가? 수집한 정보를 통한 추론은 논리적이고 이치에 맞는가? 다른 사람들의 의견은 어떤가? 직관에만 의지하지 말고 이성적 기술에만 의지하지도 마라. 훌륭한 의사 결정을 위해서는 두 가지 모두 필요하다.

창조적으로 사고하라
필요하다면 다수의 생각에서 벗어나라. 선입견 없는 낯선 사람의 눈으로 바라보라. 이는 현명한 선택을 내릴 수 있도록 도와줄 뿐만 아니라 새로운 통찰력 또한 제공할 것이다.

어려운 선택을 앞두고 있을 때는 그 선택이 자신과 타인에게 가져올 이득과 이를 선택하지 않았을 때 발생할 부정적인 결과에 대해 생각하라. 가족과 친구들의 지지를 구하라. 두려움과 미룸은 독이라는 사실을 기억하라. 진지하게 사고한 후 결정을 내리면 얼마나 기분이 좋을지 상상해 보라. 자신의 선택이 올바른 선택일 뿐만 아니라 꼭 해야만 하는 선택이라고 확신하고 마음을 편히 가져라.

현명한 선택과 쉬운 선택
3일 동안 고객들을 찾아다니며 열심히 영업을 한 후 마침내

집으로 돌아가 세 살 난 딸아이에게 잠자리에서 동화책을 읽어 줄 수 있게 됐다. 하지만 고속도로 표지판은 집까지 아직도 100km나 남았다고 외치고 있고 눈꺼풀은 피로에 굴복해 감기기 직전이다. 차가운 공기를 마시면 좀 나아질까 싶어 창문을 열었지만 큰 도움은 되지 않는다. 라디오의 볼륨을 높여 봐도 마찬가지다. 그러다 문득 3~4초 정도 눈을 감은 채 운전대를 잡고 있었다는 사실을 깨닫는다. 차는 어느 새 오른쪽 차선으로 반 이상 넘어가 있다. 당신은 급히 차선을 바로잡으며 잠시 쉬었다 가기로 결정한다. 마음은 계속 달리고 싶지만 차를 세우고 잠깐 쉬는 것이 현명한 선택일 것이다. 결정을 내린 당신은 다음 출구 표지판을 보고 깜빡이를 켠다.

두 가지 좋은 선택이 경쟁하는 상황이다. 하나는 빨리 집에 도착하는 것이고 다른 하나는 안전하게 집에 도착하는 것이다. 무엇이 더 현명한 선택인지는 누가 봐도 명확하다. 한 가지 선택이 위태로운 상황을 초래할 수 있다는 사실을 인지하면 무엇이 더 현명한 선택인지 밝히는 것은 어렵지 않다. 계속 운전을 한다면 자기 목숨은 물론 타인의 목숨까지 위험해질 수 있다. 물론 운에 맡기고 계속 운전하는 것이 훨씬 쉬운 선택일 수도 있다. 쉽지만 현명한 선택은 아니다. 더 쉬운 선택이 더 현명한 선택일 경우는 몹시 드물다. 더 현명한 선택은 저항이 크기 때문에 이를 선택하기 위해서는 의지가 필요하다.

저항이 큰 쪽을 선택하는 의지

에너지는 게으르다. 조직 컨설턴트 로버트 프리츠는 이렇게 말한다.

"에너지는 가장 움직이기 쉬운 곳으로 움직인다. 강물은 저항이 가장 적은 곳으로 흐른다. 맨해튼의 빌딩 숲 사이로 부는 바람 또한 저항이 가장 적은 곳으로 분다. 백열전구처럼 단순한 장치에서든 복잡한 컴퓨터의 정교한 전기 회로에서든 전류 또한 저항이 가장 적은 곳으로 흐른다."

인간의 에너지도 마찬가지다. 대학 캠퍼스의 풍경은 보통 서로 교차하는 직선들로 이뤄져 있다. 대학들은 사각형 안뜰을 사랑한다. 또한 그 안뜰에 가장 알맞은 것은 잔디라고 생각해 이를 즐겨 심는다. 하지만 내가 일하는 대학의 도서관 바로 앞뜰 잔디는 수백 명의 학생들이 지름길 삼아 날마다 밟고 지나다녀 잔디가 다 벗겨졌다. 정원사들이 계속 씨를 뿌리지만 소용없다. 학생들에게 안뜰 바깥 길로 다니라고 아무리 말해도 소용없기는 마찬가지다.

그래서 요즘은 안뜰 주변의 직선 길 말고도 잔디를 가로지르는 벽돌 깔린 대각선 길이나 굽은 길도 볼 수 있다. 아마 절대 사라지지 않을 지름길일 것이다. 그 공식적인 지름길로 가면서 절약할 수 있는 시간은 20초가 넘지 않으며 절약할 수 있는 에너지 역시 거의 없다.

그 지름길을 통해 얻을 수 있는 유일한 가치는 바로 인간의 본성에 관한 교훈일 것이다. 그 벽돌 깔린 지름길이 바로 저항이 더 적은 길이다. 그 길의 존재를 통해 우리가 확실히 알 수 있는 것은, 두 가지 중 하나를 선택해야 할 때 인간은 언제나 에너지를 최대한 아끼면서 더 큰 만족을 얻을 수 있는 쪽을 선택한다는 점이다. 우리는 본능적으로 지름길을 사랑한다.

그렇다면 당신은 어떤가? 저항이 더 큰 길을 선택하겠는가 아니면 저항이 더 적어 쉽게 갈 수 있는 길을 선택하겠는가? 두 가지 선택 모두 장점이 있거나 최소한 약간의 가치는 있지만 더 나은 선택은 보통 전자이며 후자는 전자보다는 나쁜 선택이다. '헤라클레스의 선택'에서 쾌락의 여인이 젊은 영웅에게 한 제안에도 분명 장점은 있었다. 하지만 덕의 여인이 한 제안은 그보다 훨씬 가치 있는 것이었다. 인간의 모든 문제는 덜 좋은 선택의 매력이 더 좋은 선택의 매력보다 훨씬 클 때 발생한다. 더 좋은 선택과 그렇지 않은 선택을 구별하고 용기 있게 더 좋은 것을 선택하는 것이 바로 현명한 사람들의 행동이다.

'헤라클레스의 선택'은 육체적 강인함을 자랑하는 영웅의 지성과 도덕성 또한 몹시 중요하다는 사실을 보여 준다. 헤라클레스는 쾌락의 유혹을 물리침으로써 자신의 의지가 근육만큼 강하다는 것을 보여 주었다. 그것이 바로 헤라클레스의 열세 번째 과업이라고 할 수 있으며 이를 통해 우리는 올바른 일을 하기 위해서는 엄청난 노력이 필요하다는 교훈을 얻는다.

자갈길에서 맛보는 즐거움

저항이 더 적은 길을 선택하려는 경향이 미루는 습관을 만든다. 이는 결국 지금 고생할지 나중에 고생할지 선택해야 하는 상황을 초래한다. 사람들은 보통 나중에 고생하는 편을 선택한다. 그 '나중'이 결코 오지 않길 바라면서 선택의 순간을 밀어 내기 위해 최선을 다한다. 마치 맛없는 콩을 골라내는 아이들처럼 말이다.

하지만 선택을 미루는 습관이 결국 우리를 잡아먹는다. 눈앞의 일을 해치우는 것보다는 무기력이 왠지 더 좋아 보이지만 시간이 흐를수록 해치워야 하는 일은 눈덩이처럼 커질 뿐이다. 만약 용기를 내 더 힘들어 보이는 길을 선택했다면(저항이 큰 길) 이미 그 일을 끝낼 수 있었을 것이다. 쉬운 길이 도리어 더 어려운 길이었음이 드러나기도 한다. 눈앞의 일을 피해 달아날수록 두려움이 커지고 그 두려움은 지금까지 미뤄 온 행동으로만 없앨 수 있다.

결국 저항이 더 큰 길을 선택해야 한다. 자갈길을 걷는 게 많이 힘들긴 하겠지만 예상치 못한 즐거움을 맛볼 수 있을 것이다. 걷기 시작하자마자 그 길이 훨씬 쉬운 길이었음을 깨닫게 될지도 모른다.

감정은 사실보다 힘이 세다

경험 많고 노련한 재정 컨설턴트 빌은 고객들의 의사 결정 과정에서 감정이 얼마나 큰 역할을 하는지 수없이 관찰해 왔다. 그는 이렇게 말한다.

"감정은 사실보다 훨씬 힘이 셉니다. 감정이 곧 그 사람이기도 하지요. 제 경험으로 보자면 수치화된 정보가 어떤 선택을 해야 하는지 확실히 가리키고 있다고 해도 이에 반하는 감정이 충분히 크다면 그 모든 정보는 존재하지 않는 것과 마찬가지입니다. 저는 일을 하면서 날마다 두 가지 감정과 싸웁니다. 바로 두려움과 탐욕이지요. '싸게 사서 비싸게 팔아야 한다'는 투자 원칙을 모르는 사람은 없습니다. 그런데 왜 사람들이 그와 정반대로 행동한다는 연구 결과가 그렇게 많을까요? 사람들은 (가격이 급등해) 기분이 좋을 때 비싸게 사서 (가격이 떨어져 현 상황을 회피하고 싶을 때) 싸게 팝니다. 물론 이성적인 행동은 아니죠. 하지만 사람들은 전부 그와 비슷하게 행동합니다. 그리고 실수를 통해 교훈을 얻지도 못합니다. 똑같은 실수를 계속 반복하니까요. 자료가 이를 증명하지 않습니까. 사람들이 만약 구매 혹은 판매 버튼을 누르기 전에 가만히 앉아서 그 상황에 대해 곰곰이 생각해 보면 어떨까요? 두려움과 탐욕, 시기심을 이성과 절제, 인내의 지혜로 억누르는 방법을 배울 수 있다면 어떨까요? 누구나 (군중을 따르지 않는) 역투자자가 될 수 있을 겁니다. 누구나 워런 버핏의 경쟁자가 될 수 있을지도 모르죠!"

자신에게 가장 진실해야 하는 이유

"결혼식을 취소했어요."

엘리노어는 '내 결혼식'이라고 말하지 않고 그냥 '결혼식'이라고 말했다. 마치 자신이 기꺼이 책임져야 할 그 사건과 자신 사이에 거리가 필요한 듯 말이다. 배려심을 타고난 현명한 소아과 간호사 엘리노어는 몇 년 전에 자신을 존경하고 자신과 삶을 공유하고 싶어 했던 성실하고 순진한 젊은 청년과 파혼했다. 결혼을 취소하는 일은 그녀가 지금까지 살면서 한 일 중 가장 어려운 선택이었다. 그녀는 자신의 이야기를 통해 사람들에게 위로와 용기를 주고 싶어 했다. 마음속 깊은 곳에 옳은 결정이라는 확신이 있지만 결코 쉽지 않은 결정을 내릴 때 필요한 용기 말이다.

"그래서 제가 어떻게 했냐고요? 음, 저는 제 감정이 중요하다는 사실을 깨달은 때가 바로 그 '아하!'의 순간이었다고 생각해요. 제 약혼자는 정말 친절하고 사랑스럽고 또 멋졌지만 그 사람과 제가 공유할 수 있는 점이 충분하지 않다는 생각이 오랫동안 사라지지 않았어요. 우리 두 사람 사이에 정말 중요한 무언가가 빠져 있다는 느낌 말이에요.

안타까운 점은 저는 그 사실을 알았지만 그는 몰랐다는 거예요. 아까도 말했지만 그는 정말 멋진 사람이었어요. 가족들도 마찬가지였고요. 저도 그의 가족들을 정말 좋아했어요.

'내게 폭력을 쓰지 않고 나한테 잘해 주는 사람이 있다는 사실에 감사해야 한다'고 생각하며 꺼림칙한 마음을 밀어내기 위해 정말 노력했어요. 결혼식이 눈앞으로 다가오기 전에는 그런 노력이 힘을 발휘했죠. 저 역시 그런 감정들을 부정할 수 있었고요.

하지만 결혼식이 다가오면서 모든 게 점점 현실화되기 시작하자 저는 당황하기 시작했어요. 가만히 앉아 있으면 머릿속에서 그 불편한 목소리가 점점 커졌죠. 그때는 늘 늦잠을 자고 행복해야 할 시간들을 제대로 누릴 에너지도 없었어요. 예를 들어 결혼 답례품을 준비하고 싶지도 않았고 청첩장을 보내고 싶지도 않았죠.

결국 그런 느낌에 대해 누구하고라도 이야기를 나눠야 한다고 생각했어요. 그래서 목사님과 친한 친구들 몇 명하고 이야기를 나누었어요. 그리고 제 안에 있던 모든 감정을 입 밖으로 꺼내면서 깨달을 수 있었어요. 제가 해야 할 일을 이미 알고 있다는 사실을요. 모든 걸 취소하는 거죠.

제 진짜 감정을 인정하고 나자 결혼을 추진하는 일이 맞지 않는 옷을 입고 있는 것처럼 불편한 느낌이었어요. 그 시점에서 제 모든 감정을 약혼자와 나누지 않는 게 거짓말처럼 느껴지기도 했고요. 그래서 언제 그에게 이야기하는 게 가장 좋을지 고민했어요. 사실 가장 좋은 때는 없었죠. 그러다가 결국 둘만 있는 시간에 그에게 말했어요. 그는 상처를 받았겠지만 저는 진실을 감출 수 없었어요. 물론 저 역시 상처를 받았죠. 저는 더 먼 미래를 보았기 때문에 모든 감정을 털어놓을 수 있었어요. 그 결혼을 추진하면 결국 더한 고통과 상처만 받을 거라고, 나중에는 아이들이 있는 상태에서 이혼하게 될지도 모른다고 생각했으니까요.

결국 내 자신한테 가장 좋은 것이 무엇인지 관심을 기울였기 때문에 그처럼 힘든 결정을 내릴 수 있었어요. 또한 다른 사람들에게도 관심이 있고 그들에게도 상처를 주고 싶지 않았기 때문이었죠. 제 약혼자는 절대 나쁜 사람이 아니었어요. 단지 저와 어울리지 않는 사람일 뿐이었죠. 아무리 좋은 사람이라도 자기와 어울리지 않으면 소용없잖아요. 옳지만 몹시 힘든 선택이었죠.

다행스럽게도 시간이 갈수록 올바른 선택을 했다는 확신이 들었어요. 처음에는 정말 힘들었어요. 그렇게 엄청난 변화를 겪은 것 자체가 큰 충격이었고 제가 아끼는 사람들에게 상처를 주기도 했으니까요. 올바른 선택을 했다고 말해 줄 수 있는 수정 구슬이라도 있으면 좋겠다고 간절히 바라기도 했어요. 그리고 정말 올바른 선택이었다면 지금 이렇게 불행하지 않아야 하는 게 아니냐고 생각하기도 했어요. 처음에는 정말 힘들었어요.

하지만 그 감정을 고스란히 느끼고 나자 새롭게 펼쳐질 삶이 어떨지 그려볼 수 있었지요. 그러자 약간 안심이 됐어요.

시간이 흐르면서 그 안도감이 점차 커졌고 마침내 그런 결정을 내리며 겪어야 했던 온갖 부정적인 감정과 슬픔이 사라지고 좋은 감정과 자신감이 차올랐어요. 그리고 꿈꿔 왔던 결혼식과 결혼 생활을 잃었다는 사실이 너무 안타까웠죠. 결혼할 생각이 아예 없는 게 아니라 아직 제게 맞는 짝을 찾지 못한 것뿐이라는 사실을 깨달았으니까요. 맞지 않는 짝을 놓아버리고 천생연분을 찾을 수 있는 기회를 만든 거죠."

엘리노어가 현재와 미래의 피해를 최소화하며 힘들었던 시기를 이겨 낼 수 있었던 비결은 무엇인가? 첫 번째 비결은 멈추지 않는 자기 성찰이었다. 두 번째 비결은 건강한 자존감이었으며, 세 번째 비결은 첫 번째와 두 번째를 가능하게 한 충분한 의지였다.

그녀는 자기 내면을 들여다보며 자신의 본질을 파악했고 그 덕분에 약혼자와의 관계에서 무엇이 잘못되었는지 알 수 있었으며, 그 상황에 필요한 대안을 떠올릴 수 있었다. 그 과정에서 건강한 자존감이 큰 역할을 했다. 왜냐하면 건강한 자존감이 있었기 때문에 자기 감정이, 궁극적으로는 자기 자신이 중요하다는 사실을 깨달을 수 있었기 때문이다.

자신이 비극적인 상황에 처해 있다는 사실을 인지하는 것만으로는 그 비극에서 벗어날 수 없다. 자기 자신을 그런 비극을 겪지 않아도 될 만큼 소중한 사람으로 바라볼 수 있어야 한다. 마지막으로 깨달은 대로 행동할 수 있게 만든 그녀의 의지가 바로 두 사람 모두를 위한 최고의 선택이었다. 반드시 기억하라. 자기 자신에게 진실해야 한다는 것을.

◆ tip
- 지금까지 내린 결정 중에서 가장 중요했던 결정 다섯 가지는 무엇인가? 그리고 그 결정들이 삶에 끼친 영향은 무엇인가?
- 앞으로 내리게 될 결정 중에서 가장 중요한 결정 다섯 가지는 무엇인가? 그리고 그 결정들은 삶에 어떤 영향을 끼칠까?
- 대부분의 경우 현명한 선택은 보통 저항이 큰 길이며, 강한 의지가 없다면 그 길을 선택하기란 쉽지 않다. 두려워서 선뜻 하기 힘든 행동 목록을 작성해 하나씩 시도해 보라. 불쾌한 일을 다른 매력적인 일보다 먼저 해결하려 노력하라. 두려움에 익숙해지지 마라. 가장 먼저 두려움을 없애야 한다.
- 누군가 삶은 지울 수 없는 그림이라고 했다. 일단 무슨 일이든 일어나면 결코 돌이킬 수 없다. 하지만 인간에게 주어진 보잘것없는 지우개가 하나 있으니 바로 사고 능력이다. 그 소중한 능력을 현명하게 잘 사용한다면 우리는 똑같은 실수를 다시 반복하지 않을 수 있다. 중요한 결정을 앞두

고 있는가? 금연이든 다른 지역으로의 이직이든 가족을 꾸리는 것이든 먼저 그 일이 일어난 후를 상상해 보고 또 지우개를 사용해 그 일이 일어나지 않았을 때를 상상해 보라. 각각의 경우 그 결과는 어떤가?

10
통찰력, 발견, 창조성

꽃

진화론의 핵심이 되는 몇 가지 생각이 갑자기 떠올랐을 때 찰스 다윈은 런던의 2층 버스에 앉아 있었다. 런던의 2층 버스에 종의 기원에 관한 심오한 아이디어를 떠올리게 하는 무언가가 있었을 것이라는 뜻은 아니다. 그 말의 뜻은 바로 다윈이 잠재의식으로 넘쳐흐를 때까지 한 가지 복잡한 문제에 몰두해 있었다는 뜻이다. 그 몰두 덕분에 다윈은 의식적으로 사고하지 않을 때에도 자신도 모르게 지금까지 알게 된 모든 요소를 정리하고 중요도를 판단하고 연관성을 고민해 결국 어떤 추론 혹은 발견에 이를 수 있었다. 그 순간 다윈이 얻은 깨달음은 2층 버스라는 환경 덕분이 아니라 바로 그동안 그가 발전시켜 왔던 아이디어 덕분에 가능했다.

-노먼 커즌스

'유레카!'의 순간

여기서 말하는 훌륭한 사고는 창조적인 사고, 고정관념에서 벗어난 사고, 수평적 사고, 즉 평범한 사고 체계에서 벗어난 가치 있는 인지 작업을 뜻한다. 훌륭한 사고는 독창적이고 창의적이며 가끔 지금까지의 노력을 전부 뒤집기도 한다.

시라쿠스의 통치자 히에론은 왕관을 제작한 금 세공인이 금을 훔쳤을지도 모른다는 생각에 시라쿠스에 살고 있던 과학자이자 철학자 아르키메데스를 불러 왕관에 금이 아닌 다른 물질이 섞여 있는지 밝히라는 임무를 맡겼다. 왕관을 상하게 해서는 안 되었기 때문에 이는 결코 쉽지 않은 일이었다.

물론 아르키메데스는 왕관의 부피만 알면 그 문제를 쉽게 해결할 수 있다는 사실을 알고 있었다. 왕관의 무게를 부피로 나눠 밀도를 구하고 그 밀도를 순수한 금의 밀도와 비교하기만 하면 되는 문제였다. 하지만 한 가지 어려운 점은 왕관이 정다면체가 아니기 때문에 그 부피를 측정하기가 힘들다는 것이었다. 왕관의 부피를 과연 어떻게 구할 수 있을까?

그러던 어느 날, 아르키메데스는 그 문제에서 벗어나 잠시 머리를 식히기 위해 목욕을 하기로 한다. 그리고 욕조 안으로 들어갈 때 물이 넘쳐흐르는 광경을 보고 욕조 밖으로 넘쳐 나간 물의 부피가 욕조에 담긴 자기 몸의 부피와 같다는 사실을 발견한다. 그 방법으로 왕관의 부피 또한 측정할 수 있다는 사실을 깨달은 것이다. 아르키메데스는 기쁨에 겨워 욕조 밖으로 뛰쳐나가 발가벗은 채로 시내를 질주하며 이렇게 외쳤다. "유레카!" '드디어 찾았다'는 뜻이다.

그 '유레카'의 순간에 대해서는 잘 알려져 있지만 왕과 금세공인을 비롯한 그 이야기의 세세한 부분에 대해서는 잘 모르는 독자들이 많을 것이다. 무엇에 대한 발견 혹은 발명이든 사람들은 깨달음을 얻은 흥미진진한 순간에만 집중하고 그 깨달음을 얻기까지 누군가 쏟아부은 노력에 대해서는 거의 관심을 기울이지 않는다. 지루하고 복잡했던 과정은 가차 없이 삭제되고 그 깨달음의 순간만 강조되어 흥미로운 전설 혹은 일화의 형태로 전해 내려오는 것이다.

심사숙고 뒤의 번뜩이는 직관

만유인력을 발견한 아이작 뉴턴의 경우 역시 마찬가지다. 사람들은 나무에서 사과가 떨어지는 것을 발견한 그 순간 뉴턴이 우주를 하나로 당기고 있는 힘의 존재를 깨달았다고 생각했다. 무지의 암흑이 순식간에 지식의 빛으로 넘쳐흐른다는 식이다. "태초에 자연과 자연의 법칙은 암흑 속에 거하였다. 신이 '뉴턴이 있으라!'고 말씀하셨다! 그러자 빛이 있었다"라는 알렉산더 포프의 멋진 2행 연구 역시 뉴턴의 발견을 단순하고 말끔한 인과관계로 바라본다.

하지만 1665년이나 1666년 즈음 울즈소프의 조용한 마을에서 그 유명한 사과가 떨어질 때 뉴턴은 이미 훌륭한 과학자였다. 일생 동안의 과학적 사고가 케임브리지 교육으로 마무리되던 시점에 사과가 떨어지는 평범한 상황에서 그처럼 중요한 깨달음을 얻을 수 있는 그의 천재성이 빛을 발한 것이다. 아르키메데스와 뉴턴 모두 그렇게 '유레카!'의 순간을 준비해 왔다.

아르키메데스는 히에론이 부여한 임무를 해결했다. 뉴턴 역시 자기만의 방법으로 자신이 찾고 있던 것을 찾았다. 아르키메데스가 만약 제대로 교육받지 못한 시라쿠스의 시민이었다거나 혹은 왕관의 수수께끼에 몰두해 있지 않았다면, 그래도 그와 같은 발견을 할 수 있었을까? 뉴턴이 오랫동안 과학적 사고를 연마하지 않았다면 과연 중력의 법칙을 발견할 수 있었을까? 아마 아닐 것이다. 넘치는 물과 떨어지는 사과는 그처럼 빛나는 통찰력을 가능하게 한 필요조건이긴 했지만 직접적인 원인이라고 하기는 힘들다. 넘치는 물과 떨어지는 사과는 단지 촉매제일 뿐이었다.

루이스 파스퇴르는 이렇게 말했다. "관찰에 있어서는 준비된 자에게만 기회가 온다." 아르키메데스와 같은 임무를 부여받았든 자신의 분야에서 창조성을 발휘하든 그에 필요한 노력 없이는 목표를 성취할 수 없다. 무엇이 새로운 발견을 가능하게 하는가? 발견은 엄청난 심사숙고가 선행될 때만 가능한, 번뜩이는 직관이다.

편협한 관점에서 벗어나기

1960년대 러시아와 우주 개발 경쟁을 하고 있던 시기에 나사

NASA는 볼펜을 개발하기 위해 엄청난 돈을 쏟아 부었다고 한다. 일반 펜은 중력의 도움을 받아야 잉크가 흘러나올 수 있었기 때문에 우주선에서는 소용이 없었다. 그래서 우주에서 사용할 수 있는 정교하고 값비싼 필기도구가 필요했다. 그렇다면 러시아는 어떻게 그 문제를 해결했을까? 러시아는 우주 비행사들에게 그냥 연필을 주었다. 결국 러시아가 이겼고 미국은 닭 쫓던 개 신세가 되었다.

오래전 일이지만 인터넷에서 쉽게 찾아볼 수 있는 이야기이며, 흥미롭지만 출처가 불분명한 이야기이기도 하다. 우주펜Space Pen은 실제로 연구되고 개발되었다. 하지만 정부 기관이 아니라 피셔스페이스펜컴퍼니Fisher Space Pen Company라는 개인 기업에서 개발했고 그렇기 때문에 세금은 한 푼도 사용되지 않았다. 연필은 연필심이 부러질 수 있기 때문에 고려조차 되지 않았다. 중력이 없는 환경에서 분명 위험한 요소였다.

결국 1960년대 후반, 나사와 소련 항공 우주국 모두 하나에 2.39달러를 주고 피셔스페이스펜컴퍼니에서 우주 펜을 주문해 사용하게 된다. 출처가 분명하지 않은 이야기라고 해서 창조적인 사고의 훌륭한 예가 되지 못하는 것은 아니다. 이 이야기는 보편적인 사고방식에 갇혀 새로운 사고를 제한하지 말아야 한다는 이야기이다.

훌륭한 대안을 생각해내기 위해서는 눈앞의 문제에 대한 편협한 관점에서 벗어나 새로운 길을 탐험하겠다는 의지가 필요하다. 그렇다면 이제 '어떻게 더 좋은 펜을 만들 것인가?'가 아니라 '우주에서 필기할 수 있는 방법은 무엇인가?' 그리고 '펜보다 더 좋은 것이 있는가?'라고 질문해야 한다.

단순하지만 우아한 대답을 가능하게 하는 것은 바로 그 마지막 질문이다. 그리고 그 대답은 다음과 같다. "내 목적을 위해서는 연필이 (펜보다) 낫다."

아무도 가지 않은 길

남들이 가지 않는 길을 간 경우에 대한 예로 육상 경기 중 높이뛰기에서 완벽한 혁신을 불러 온 포스베리 플랍Fosbury Flop(높이뛰기의 배면뛰기 기술로 처음 그 기술을 사용한 포스베리의 이름을 따 포스베리 플랍이라 부른다-옮긴이)보다 더 좋은 예는 아마 없을 것이다.

1960년대 초반, 딕 포스베리는 오리건 주 메드포드의 고등학생 높이뛰기 선수였다. 그 역시 다른 선수들처럼 가위뛰기 방법을 사용하고 있었지만 그는 그 방법이 자신의 신체 조건에 맞지 않다고 생각했다. 가위뛰기로 실력이 나아지지 않자 그는 지금까지 없었던, 등을 아래로 하고 뛰어넘는 새로운 방법으로 뛰어 보기 시작했다. 코치가 옆에서 만류했지만 그는 포기하지 않고 그 새로운 기술을 연마해 1968년 미국대학체육협회가 주최한 높이뛰기 경기 실내와 실외 부문 모두에서 우승했다.

그리고 1968년 멕시코 올림픽에서 오리건 주 출신의 스물한 살 높이뛰기 선수가 세상을 깜짝 놀라게 했다. 리처드 더글라스 포스베리가 세계 신기록에는 약간 못 미쳤지만 2.24m로 올림픽 신기록을 세웠다는 점 때문이 아니었다. 기록보다는 바를 뛰어 넘는 그의 방식 때문이었다. 그는 바를 향해 성큼성큼 걸어오다가 갑작스럽게 몸을 돌려 바깥쪽 발로 도약한 다음 하늘을 보며 등을 둥글게 말았다가 두 다리를 조심스럽게 들어 올리며 바를 넘어 착지했다.

익숙하고도 멋진 경기 방법은 아니었지만 포스베리 플랍은 높이뛰기 방법을 근본적으로 뒤집었다. 4년 후 뮌헨 올림픽에 참가한 높이뛰기 선수 마흔 명 중 스물여덟 명이 그 방법을 사용했다. 포스베리 플랍은 지금까지도 가장 좋은 높이뛰기 방법으로 여겨진다. 2008년 베이징 올림픽에서는 모든 높이뛰기 선수가 그 방법을 사용했다.

진부한 규칙의 위반자들

그들은 시인이고 화가이며 조각가이고 소설가이자 음악가이고 무용수다. 예술적 수단은 서로 다를지라도 그들은 전부 예술가이며 그렇기 때문에 혁신적이고 창의적인 방법으로 자신을 드러내고 싶어 한다. 예술가는 진부한 문법 규칙을 위반한다. 찰스 디킨스의 『데이비드 코퍼필드』 첫 번째 장 중간 부분을 읽는 독자들은 빅토리아 시대를 그린 그 탁월한 작품 전체에서 가장 기억에 남을 만한 묘사를 음미해야 할 의무가 있다. 데이비드가 태어나던 날 코퍼필드가의 사유지 블룬더스톤 루커리의 정원 한구석을 묘사하는 단락이다.

저녁 바람이 거세지면서 정원 끄트머리에 서 있는 키 큰 느릅나무들이 요란한 소리를 내며 흔들렸다. 바람이 어찌나 거센지 정원 쪽으로는 제대로 눈도 뜰 수 없을 지경이었다. 나무들은 비밀을 속삭이는 거인처럼 고개를 맞대고 있다가 또다시 거센 바람에 휘말리며 제 가지를 공중으로 튕겨 올렸다. 마치 방금 나눈 비밀 이야기가 너무나 사악한 것이어서 마음의 평온을 찾지 못한 채 괴롭게 신음하는 듯했다. 나무 위쪽 가지에는 그동안 숱한 풍상을 겪어온 듯한 까마귀 둥지들이 폭풍우로 요동치는 바다 한복판에 떠 있는 난파선처럼 위태롭게 흔들렸다.

디킨스의 글을 보라. 그는 나무가 바람에 흔들리는 익숙하고 평범한 장면을 오랫동안 마음에 남을 미적 대상으로 변화시켰다. 살면서 나무를 관찰하는 사람은 많지 않을 것이다. 하지만 우리는 이 거인 같은 불안한 나무의 사색에 깜짝 놀라 숨을 죽인다.

느릅나무들은 왜 동요하는가? 나무들이 공유하는, 너무 충격적이어서 떠올리기조차 싫은 비밀은 무엇인가? 그 부분이 바로 독자들이 작가를 따라 상상력을 발휘해야 하는 곳이다.

느릅나무들은 곧 태어날 데이비드가 견뎌야 할 슬픔을 예견하고 괴로움에 움츠러드는가? 까마귀 둥지는 어린 주인공이 아빠 없이 자라며 겪을 고난을 암시하며 위태롭게 매달려 있는가? 그럴 수도 있고 아닐 수도 있다. 중요한 것은 독자들도 작가를 따라 같이 상상하게 된다는 것이다. 그 상상력이 텍스트에 대한 우리의 미적 경험을 풍요롭게 한다.

미로를 벗어나 통찰에 이르는 길

로버트 캐플런과 앨런 캐플런은 자신들이 쓴 책 『미로를 벗어나 Out of the labyrinth』에서 통찰력을 키우는 방법을 배울 수 있는지에 대해 고찰한다.

> 우선 통찰력은 무모하다고 할 수 있는 장난기까지의 상상력을 장려함으로써 가능하다고만 말해 두자. 마치 진실인 듯 가설을 따르지만 일단 오류가 발견되면 과감히 버리는 실험적 열정 또한 필요하다. 이는 오디세우스 신화에 등장하는 사기꾼들처럼 규범을 무시하는 무정부주의 정신까지는 아니더라도 권위에 대

한 바람직한 불신과 생기 있고 다양한 호기심 또한 키워 준다.

로버트와 앨런 캐플런의 질문을 다른 말로 바꾸면 다음과 같다. 누구나 훌륭한 사상가가 되는 법을 연마할 수 있는가? 대부분의 사람들에게, 어쩌면 모든 사람들에게 훌륭한 사상가가 될 수 있는 가능성이 존재한다. 하지만 준비된 사람은 많지 않다. 우리는 훌륭한 사상가가 되기 위한 훈련도 받지 않았고 그럴 수 있다는 가능성조차 인지하지 못하며 비록 인지한다 해도 두려워한다. 통찰력을 키우는 데 도움이 될 몇 가지 방법은 다음과 같다.

- 자기 자신과 자신의 인지적, 창조적 능력을 믿어라.
- 모든 분야에서의 혁신을 관찰하고 그 혁신을 가능하게 했던 아이디어의 현실화 과정에 대해 연구하라.
- 주변 세상에 지속적인 관심을 기울여라. 현실을 당연하게 받아들이지 말고 눈에 보이는 것에 의문을 제기하고 어떤 분야에서 어떤 방법으로 자신의 창조적인 능력을 발휘할 수 있는지 고민하라. 자신과 관련 있는 문제를 해결할 프로젝트에 특히 관심을 기울여라. 자신과 관련 있는 문제는 해결하고자 하

는 동기를 유발할 것이다. 그렇다고 완전히 새로운 것을 창조할 필요는 없다. 창의력은 이미 존재하는 것을 개선하는 데도 발휘할 수 있다.

- '왜?'라고 물어라. 답을 얻은 후에도 '왜?'라는 질문을 멈추지 마라. 그리고 '왜?'라는 질문이 자신을 어디로 이끄는지 살펴보라. '어떻게?'라는 질문이 필요할 때까지는 늘 '왜?'라는 질문과 함께 해야 한다. '어떻게?'라는 질문은 자신의 개입으로 변화된 현실과 그 변화를 가능하게 하는 방법을 그려 볼 때 필요하다. 그 방법이 누가 봐도 비현실적이고 대담한 방법이라도 상관없다.

- 하루 동안 수집한 다양한 관찰과 질문으로 주머니를 가득 채워라. 매일 밤 주머니를 비우고 며칠에 한 번 공책을 정리하라. 이를 통해 그것들 간의 흥미로운 상관관계를 발견할 수 있을 것이다. 그것이 바로 유레카의 순간을 위해 필요한 과정이다.

- 위대한 인물들은 서로 관련 없어 보이는 사고 혹은 사물들 간의 연관성을 밝힘으로써 지식에 넓이와 깊이를 더하고 문제를 해결했다. 서로 다른 대상들 간의 연관성을 밝히는 것이

곧 지식인의 역할이다.

- 늘 건전하고 살아 있는 호기심과 열정을 지녀라. 복잡한 이 세상은 내가 바라는 답을 즉시 제시해 주지 않는다는 사실을 받아들여라. 게리 데이비스에 따르면 "아이디어는 보통 수차례의 수정, 짐작, 개선을 통해 발전하기 때문에 아이디어를 생산하는 사람들은 늘 불확실성에 맞서야 한다"고 한다. 당장 답이 보이지 않는다 해도 절대 포기하지 마라.

- 유연성은 창조성이 꽃피도록 해준다. 객관적인 자료에 의지하되 자신의 직관 또한 믿어라. 목표를 이루기 위해 진지하게 노력하되 그 과정에서 재미를 찾아라. 일상생활의 사소한 변화, 예를 들면 다른 동네로 쇼핑을 가는 것이 창조성을 자극할 수 있다. 새로운 아이디어에 마음을 열어라. 한 가지 관점에만 매몰되지 말고 해답을 찾을 수 있는 다양한 방법을 탐구하라.

- 진지한 사고를 가능하게 하는 장소나 활동의 도움을 받아라. 복잡한 커피숍에서 익명성을 느낄 때 편할 수도 있고 집 근처 공원의 나무 테이블에서 홀로 자연과 교감하는 것을 선호할 수도 있다. 걸으면서 생각하는 편을 선호할 수도 있고 달리면

서 생각하는 것이 더 편할 수도 있다. 여러 가지 방법을 시도해 보고 가장 도움이 되는 한 가지를 선택하라.
- 디지털 세상에서 보내던 시간을 훌륭한 사고를 위한 시간으로 조금만 바꿔도 삶의 질은 크게 향상될 것이다.

세상이 점점 더 복잡하고 어수선해질수록 현재의 문제를 해결하고 미래를 설계하기 위해서는 훌륭한 사고를 위한 시간이 더 많이 필요하다. 학교에서 훌륭하게 사고하는 법을 배울 수 있도록 국가적 노력을 기울이면 어떨까? 우리를 대변하는 국회의원들이 국가적 차원의 사고력 증진 교육 필요성에 대해 더 빨리 자각할수록 우리의 미래는 더 새로워지고 밝아질 것이다.

◆tip
- 마지막으로 훌륭한 사고를 했던 때는 언제인가? 무엇에 대한 생각이었는가? 그 생각은 어떤 면에서 창조적이고 신선했는가?
- 창조적 사고 능력을 신장시키기 위한 계획이 있는가? 창조적 사고 능력을 통해 이루고 싶은 것은 무엇인가?
- 위대한 인물의 통찰력 혹은 발명 한 가지를 선택해 아이디어 단계부터 그 깨달음 혹은 결과물에 이르기까지의 과정을 자세히 연구하라. 최종 결과물이 창조성의 결과이기만 하다면 전자 제품, 책, 스타일, 예술 작품 등 어느 것이든 될 수 있다.

11
역경에 대처하기

역경과 같은 교육은 없다.

―벤저민 디즈레일리

살아 있는 한 계속 살아야 한다

역경은 자신에게 일어나기 전까지는 타인에게 일어나는 일일 뿐이다. 삶의 전성기를 보내고 있을 때 혹은 세상에 맞설 수 있다는 것을 몸소 증명하고 싶을 때 역경을 바라는 사람은 없으며 충분히 나이 먹은 후에도 고난은 없었다고 느끼고 싶어 한다. 문제는 마치 역경이 존재하지 않는 듯 행복한 시간을 보내다 보면 실제로 역경을 마주할 때 엄청난 충격을 느낀다는 사실이다. 일어날 수밖에 없는 일로 세상이 뒤집히고 나면 사람들은 부당한 거래에 자신이 희생되었다고 느낀다. 그리고 입 밖으로 꺼내지 않는다 해도 '왜 나한테 이런 일이?'라는 질문이 마음속에서 떠나지 않는다.

타인의 불행을 인식함으로써 역경에 대비하라. 소아 암센터 게시판에서 겨우 목숨을 부지하며 스테로이드로 퉁퉁 부어 있는 어린 소녀의 사진을 보며 공감하는 것으로 시작할 수도 있다. 왜 그녀에게 그런 일이 일어난 것일까? 왜 우리에게? 이유는 단순하다. 역경은 삶의 궤도에서 벗어난 사건이 아니라 삶의 기본 요소이기 때문이다. 그러니 미리 예측하고 기대할 수 있다면 훨씬 견디기 쉬울 것이다.

힘들었던 사건을 잘 이겨내고 기꺼이 그 교훈을 나눌 친구가 있는가? 고통스러웠던 과거를 다시 떠올리기 싫어하는 사람들도 있지만 친구들의 요청에 기꺼이 응하며 자기 경험을 나눌 수 있는 기회를 감사히 여기는 사람들도 있다. 혹시 그런 친구들이 있다면 몇 가지 중요한 질문을 던져 보라. 가장 힘들었던 일은 무엇이었는가? 가장 큰 도움을 준 것은 무엇이 있는가? 달리 대처했다면 더 좋았을 점이 있는가?

사랑하는 사람들, 배우자와 아이들, 친구들은 소중할 뿐만 아니라 상처받기도 쉬운 사람들이다. 사실 상처받기 쉽기 때문에 더 소중한 사람들인지도 모른다. 사랑하는 사람을 잃는다는 생각보다 더 끔찍하고 괴로운 생각은 없다. 아무도 원하지 않는 그런 역경을 마주할 수 있도록 하는 것은 바로 정신 훈련이다. 안 좋은 일을 겪으면 슬퍼할 시간을 충분히 가지되 그 일에만 빠져 있지 않도록 하라. 상실과 타협하되 미래까지 포기해서는 안 된다. 로마 시대의 스토아학자 세네카라면 이렇게 말했을 것이다.

"그녀는 지금까지 당신과 함께 이 지구를 여행했다. 중요한 것은 그녀가 죽었다는 사실이 아니라 그녀가 한때 당신과 함께 했었다는 사실이다. 살아 있는 사람은 계속 살아가야 한다. 그녀 역시 당신이 절망과 슬픔에 갇혀 있는 모습은 원치 않을 것이다."

통제할 수 있는 일, 통제할 수 없는 일

스토아학파 사람들은 우주의 신성한 모습이 존재한다고 믿었고 인간이 겪는 우여곡절을 포함해 우주에서 일어나는 모든 일은 운명이라고 생각했다. 우리에게 일어나는 모든 일은 좋은 일이든 나쁜 일이든 절대 '일어나지 않을' 수 없다. 만약 그렇다면 삶의 모든 상황에 대처하는 이성적인 태도는 좋은 일이든 나쁜 일이든 평온한 마음으로 받아들이는 것이다. 더불어 역경은 이 책에 등장하는 철학자들이 덕이라고 부르는, 우리의 가장 훌륭한 내적 자원을 효율적으로 사용해 외부 세계의 도전에 현명하게 대처할 수 있다는 사실을 보여 줄 기회다.

얇지만 통찰력 깊은 에픽테토스의 자기계발서 『삶의 기술』은 그리스 로마 철학의 가장 지혜로운 유산 중 하나다. 하지만 정신이 산만하거나 성급한 독자는 책의 서두에서 진도가 나가지 않아 쩔쩔맬 것이다. "통제할 수 있는 일이 있고 통제할 수 없는 일이 있다"와 같은 지루하고 따분한 문장만 가득하니 말이다.

하지만 계속 읽다 보면 그 문장의 심오한 뜻을 깨달을 수 있다. 에픽테토스는 통제할 수 없는 일을 통제하기 위한 시도가 우리 영혼을 피폐하고 혼란스럽게 만든다고 말한다. 우리는 건강한 몸 안에서 살고 있는 것 같지만 때때로 몸이 아파 울부짖는다. 그리고 무쇠와 같은 고집으로 건강에 안 좋은 애착을 형성한다. 언제든 잃어버릴 수 있는 돈이나 다른 세속적인 물건에 말이다. 그리고 그것들을 잃어버리면 절망한다. 통제할 수 있는 일과 통제할 수 없는 일이 있다는 사실을 마음에 새기지 않음으로써 스스로 절망을 초래하는 것이다.

경쟁 관계에 있는 한 부도덕한 사업가가 당신 고객들을 찾아가 당신 험담을 하느라 여념이 없다. 당신은 무슨 일이 일어나고 있는지 깨닫기도 전에 이미 엄청난 손해를 입었다. 이런 상황에서 화가 나는 것은 당연할 테지만 에픽테토스라면 아마 이렇게 말할 것이다. 다른 사람이 당신에 대해 뭐라고 말하든 이는 당신이 통제할 수 없는 일이라고. 그런 상황에서 통제할 수 있는 것은 이미 일어난 일에 반응하는 방법이며, 가장 현명한 대응 방법은 최대한 관심을 두지 않는 것이다.

그렇다고 그 사람을 절대 명예 훼손으로 고소해서는 안 된다는 뜻은 아니다. 다만 침착하고 차분한 입장에서 모든 일을 진행해야 한다는 뜻이다. 일은 이미 일어났고 이미 일어난 일을 돌이킬 방법은 없다. 이미 내게 패배를 안겨 준 것과 싸울 이유는 없다.

여기서 승리하는 방법은 바로 그 패배를 받아들이는 것이다. 에픽테토스는 마음의 평화를 얻는 방법에 대한 우리의 상식을 뒤집는다. 사람들은 살다 보면 통제할 수 없는 일이 많다고 불안해하지만 통제할 수 없는 일에 불안해하는 것은 어리석은 일이라고 에픽테토스는 말한다.

통제할 수 없는 모든 일에서 감정적 거리를 유지하는 것이 바로 결코 시시하지 않은 지혜로운 태도다. 직장을 잃든 심각한 병을 앓든 중요한 관계가 끝나든 정말 가까운 사람이 세상을 떠나든 부정적인 사건이 일어날 때마다 싸우려 달려들지 마라. 그 일은 이미 당신 삶의 일부이며 앞으로도 영원히 그럴 것이다.

어떤 상황에 처하든 좋은 점을 찾아낼 수 있겠지만 역경이 닥치면 삶은 균형을 잃고 휘청거릴 수밖에 없다. 그럴 경우 상실에 대해 계속 애석해하고 현재의 상황을 되찾기 위해 싸우는 것이 최선의 방법은 아니다. 지금까지 존재의 균형을 가능하게 했던 상황은 이미 사라졌고 아마 결코 되돌아오지 않을 것이다. 현명한 태도는 바로 이렇게 묻는 것이다. "지금까지와는 비록 다르지만 여전히 내게 도움이 될 새로운 균형을 어떻게 찾을 수 있을까?"

역경을 통해 배우는 것들

모든 상황이 그렇듯 역경을 마주했을 때의 삶의 질 역시 사고의 질에 달려 있다. 역경을 빠져나갈 수 없는 진창으로 바라볼 수도 있고 현재보다 더 나은 미래에 이르는 관문으로 바라볼 수도 있다. 실직이라는 끔찍하고 안타까운 상황을 낭만적으로 묘사할 생각은 없다. 하지만 실직은 가끔 지금까지 시간이 없거나 할 생각이 없어서 하지 못했던 일을 할 수 있는 기회를 제공하기도 한다. 바로 진지한 사고를 할 수 있는 기회다. 그때야말로 자기 삶을 찬찬히 살펴보고 지금 내 모습과 더 잘 어울리는 새로운 직업적 가능성을 탐구하며, 만약 필요하다면 자기 자신은 물론 다가오는 미래까지 다시 설계할 수도 있다. 그런 작업이 어쩔 수 없이 가져야 하는 안식 기간을 덜 고통스럽게 만들 것이다.

사실 실직은 자유도 가져다 줄 수 있다. 진실한 영혼을 회복할 수 있는 기회가 됨은 물론이다. 하지만 많은 사람들이 이렇게 말할 것이다. "잠깐! 대출금도 갚아야 하고 가족들도 먹여 살려야 하는데 나보고 영혼 따위에나 신경 쓰라고? 나는 돈이 필요해. 어떤 직업이라도 상관없다고."

경제적 의무를 다하기 위해 직업을 구하더라도 이상적인 미래에 대한 설계까지 멈춰야 할 필요는 없다. 어쩌면 당장 필요한 돈을 위해 임시방편으로 직장을 구할 수도 있을 것이다. 그럴 경우에는 더 나은 직장을 위한 준비도 병행해야 한다. 과연 어떤 일을 할 수 있을까? 어떻게 그 자리에 필요한 사람이 될 수 있을까? 여기에서도 주도적인 태도가 필요하고 주도성을 키우기 위해서는 현명한 사고가 전제되어야 한다.

역경은 가족과 친구, 건강처럼 값을 매길 수 없는 것들이 얼마나 중요한지 깨닫게 해준다. 역경을 통해 삶의 가장 어려운 기술 또한 배울 수 있다. 바로 지금 이 순간을 사는 기술이다. 이를 위해 필요한 것은 삶의 우선순위를 바꿀 수 있는 유연한 마음뿐이다. 유연성, 수용, 낙관주의, 인내 그리고 자신보다 더 큰 것을 위한 헌신이 역경에 대처하는 기본자세다.

유머 감각 또한 무시하지 마라. 이 모든 장점들에 신념까지 더한다면 더 바랄 것이 없을 것이다. 마지막으로 역경에 처했던 경험을 나누면서 얻게 될 이점을 과소평가하지 마라. 친구와 단둘이 이야기하든 특정 모임에서 이야기하든 전문 치료사와 이야기하든 가능한 모든 방법을 생각해 보라. 적어도 그 중에서 두 가지 정도는 선택해 활용할 수 있을 것이다.

역경의 시간에 대한 글을 쓰는 것도 도움이 될 것이다. 역경의 의미를 이해하고 받아들이기 위해 일기를 쓰거나 자신에게 편지를 써라. 말하기와 쓰기를 통해 정신적 안도감을 얻을 수 있으며 돌파구 또한 찾을 수 있을 것이다.

스토아학파의 훌륭한 사상가들은 고통을 받아들여야 한다고 가르친다. 왜냐하면 고통은 삶의 일부이며 인간이라면 누구도 피해갈 수 없는 일이기 때문이다. 역경을 겪고 나서야만 성숙한 인간이 될 수 있다. 역경은 우리의 용기와 회복력을 실험한다. 그리고 타인의 고통은 우리의 연민을 시험한다. 역경은 자신을 돌아보게 하고 자신에 대해 알게 함으로써 우리를 더 지혜롭게 만든다.

누구나 고통을 받는다. 하지만 모든 사람들이 그 고통에 사로잡혀 꼼짝 못하는 것은 아니다. 역경을 이겨내는 힘은 모두 다르겠지만 누구나 역경에서 자신을 구할 수 있다. 필요한 것은 자신에 대한 이해와 의지력이다. 역경의 순간에 평온함을 느끼는 것보다 더 현명한 삶의 기술이 있을지도 모르지만, 아마 있다 해도 많지 않을 것이다.

회복 탄력성을 높이는 법

크레이그 토리바라는 워싱턴 주 스포캔에 살던 영리하고 사려 깊고 잘생긴 열일곱 살 소년이었다. 그는 우등생이었고 재능 있는 축구 선수였다. 하지만 1995년 9월 12일, 크레이그는 자신의 목숨을 끊었다. 남은 가족들은 그를 기억하고 그의 비극을 이해하기 위해, 젊은이들의 회복 탄력성을 높여줄 수 있는 스마일SMILE 재단을 설립했다. 스마일 재단의 목표는 젊은이들의 자기 파괴적인 행동을 막는 것이었다. 크레이그의 어머니 크리스티 토리바라는 내가 가장 존경하는 사람 중 한 명이다. 그녀는 친절하게도 끔찍했던 자신의 경험을 들려주며 역경을 이겨낼 수 있는 방법을 나열했다.

- 역경이 닥쳐도 삶을 지속하라. 역경이 닥쳤다고 삶을 보류하지 마라.
- 몸에 좋은 음식을 먹고 운동하고 산책하라. 활동적인 취미나 고요한 장소를 즐겨라. 고통을 잊기 위해 술이나 약물을 오남용하지 마라.
- 쉴 수 있는 방법을 찾아라. 이는 쉽게 잠들지 못할 때 특히 중요하다.
- 자기 자신은 물론 주변 사람들을 위해 충분한 애도 시간을 가져라. 두 사람이 동시에 비슷한 슬픔에 빠지는 경우는 별로 없다.
- 자기 자신이나 타인을 다그치지 마라. 충분한 시간을 갖고 경솔하거나 충동적이지 않은 결정을 내려라.
- 타인의 기대나 자신의 과도한 목표에 맞춰 살아야 한다고 느끼지 마라. 비현실적인 시간표를 짜지 마라. 치유 과정에서 목표를 재설정하라.
- 반드시 혼자 해야 한다고 생각하지 마라. 필요하다면 전

문적인 상담자를 찾아라.
- 어떤 상황에서든 예의를 지켜라. 하지만 고통스러운 상황을 초래할 수 있는 이야기까지 반드시 해야 할 필요는 없다.
- 상처를 치유하는 과정은 롤러코스터를 타는 것과 비슷하다. 올라갈 때가 있으면 내려갈 때가 있고 빨리 갈 때가 있으면 천천히 갈 때도 있다.
- 당신을 조종하려는 타인의 판단이나 행동에 지나친 관심을 기울이지 마라.
- 자기 이미지를 만들고 목표를 설정하라. 자신을 괴롭히는 타인의 전략에 흔들리거나 진짜 자기 모습을 잃지 마라.
- 타인의 험담에 끼어들지 마라.
- 계획이 없다고 두려워하지 마라. 치유하고 나면 자연스럽게 세워질 것이다.
- 충분히 회복되었다고 느끼면 타인을 도와라. 자신의 고통에만 매몰되지 않게 해줄 것이다.
- 고통은 파도처럼 온다. 그러므로 필요할 때마다 휴식 시간을 가져라.

- 유머가 필요하다. 애도할 시간도 중요하지만 가끔 유머가 역경을 이겨내는 데 도움이 될 것이다. 웃음의 치유 효과를 온몸으로 받아들여라.
- 가장 효과적인 치유법은 바로 사랑을 통한 성장이다.

◆ tip

- 어떤 역경이 가장 두려운가? 그것을 가장 두려워하는 이유는 무엇인가?
- 과거에 준비 없이 역경을 겪어 본 적이 있는가? 다시 그런 상황에 처하지 않기 위해 어떤 조치를 취했는가?
- 힘든 시기에 도움을 찾지 않거나 심지어 거절하는 경향이 있는가? 그 이유는 무엇이라고 생각하는가? 내성적이기 때문인가? 아니면 자존심 때문인가? 해럴드 쿠시너에 따르면 부족한 자존감은 역경이 닥쳤을 때 그 못난 머리를 치켜든다. "역경에 처한 사람에게 일어날 수 있는 가장 최악의 일 중 하나는 바로 스스로 자신에게 상처를 줌으로써 그 피해를 악화시키는 것이다. 거절이나 사별, 상처 혹은 불행을 겪으면서도 자신이 그 모든 것을 초래했다고 생각하는 것이다. 그리고 그런 마음이 도우려는 사람들을 밀어낸다.

사람들은 고통과 혼란을 느낄 때 본능적으로 잘못된 행동을 하기도 한다. 도움 받을 가치가 없는 사람이라고 느끼고 그래서 죄책감, 분노, 질투, 스스로 자초한 외로움이 상황을 더 악화시키도록 내버려 둔다." 사람들은 삶을 즐기고 성공할 수 있는 능력을 방해하는 그런 성향을 쉽게 인지하지 못한다. 그렇기 때문에 자기 내면을 잘 들여다봐야 한다. 도움이 필요한 순간에 도움을 거절했던 적이 있는가? 그 비타협적인 태도가 사랑하는 사람들을 힘들게 하지는 않았는가? 이를 통해 어떤 교훈을 얻을 수 있는가? 한마디만 하자면 사랑을 받는 기술은 사랑을 베푸는 기술만큼 중요하다.

- 무조건적인 수용을 연습하라. 통제할 수 있는 일과 통제할 수 없는 일을 구분해야 한다는 사실을 기억하라. 통제할 수 없는 일에 대한 걱정을 그만두는 것이 쉬운 일은 아니지만 훈련을 통해 감정적 거리를 유지할 수는 있을 것이다.

12
사려 깊은 태도

✑

thoughtful : 형용사 1. 생각이 많은, 생각에 잠긴, 사고력 있는. 예) 존은 조용히 생각에 잠겨 있었다. …… 형용사 3. 주의를 기울이는, 조심하는, 배려하는, 특히 타인에 대해 이해심 많은, 친절한.　　　　　**– 웹스터 대사전**

그래도 살 만하다고 느끼는 순간

넓은 공항 대합실에서 캐리어를 끄는 무수한 사람들 틈에 섞여 있다 보면 갑자기 이런 생각이 들지도 모른다. 지금 이 자리에서 내가 사라진다 해도 아무 일도 일어나지 않을 거라는 불안한 느낌. 우리는 모두 이름 없는 수많은 군중의 한 명일 뿐이다. 그런 생각이 들면 약간 초라한 느낌이 들겠지만 그렇다고 꼭 나쁜 것만은 아니다. 그런 상황에서 깨달음을 얻을 수도 있기 때문이다. 물론 분명 유쾌한 기분은 아닐 것이다.

하지만 면세점에 깜빡하고 놓고 온 신용카드를 들고 탑승구까지 쫓아온 판매원 한 명만 있다면 어느새 내가 그렇게 의미 없는 인간은 아니라는 생각이 든다. 손님이 놓고 간 신용카드를 그냥 계산대 서랍에 넣어 두고 신경 쓰지 않을 수도 있다.

하지만 그녀는 그렇게 하지 않았다. 그녀는 당신을 수많은 군중의 일부가 아니라 의미 있는 한 사람으로 대했다. 그녀는 당신에게 관심을 갖고 입장 바꿔 생각한 다음 즉시 행동했다. 그녀가 웃으며 신용 카드를 건네는 순간 당신은 그녀의 따뜻한 마음을 느낄 수 있다. 당연히 감사하는 마음이 들겠지만 그것이 전부는 아닐 것이다. 이 세상에는 여전히 자애롭고 선한 사람들이 많다고 느낀다. 그 생각에 마음이 포근해지고 적어도 그날만은 당신 또한 부정적이거나 냉소적인 태도를 보이지 않을 것이다.

'생각이 많다'의 두 가지 의미

'생각이 많다'는 말은 두 가지 확실하고 명쾌한 뜻으로 볼 때 몹시 멋진 말이다. 사상가들은 '생각이 깊다'는 의미로 사용할 테지만 '배려심이 많은' 사람도 생각이 많다고 묘사할 수 있다. 타인을 배려하기 위해서는 무엇보다도 그들에게 주의를 기울이고 그들을 좋아해야 한다.

다시 말하면 그들과 그들의 행복에 대해 생각해야 한다. 삶에서 중요한 사람들, 즉 배우자나 자녀, 직장 동료, 친구들을 대할 때는 그 단어의 두 가지 의미가 한꺼번에 사용된다.

배려심 있는 사람은 새로 입사한 동료를 직장 내 주요 인사들에게 소개하고 좋은 식당이나 가게가 어딘지 알려 준다. 가족 모임에서는 아무도 관심을 기울이지 않는 뚱뚱한 변덕쟁이 사촌과 대화를 나눈다. 친구 집에 초대 받았을 때는 설거지를 하거나 장을 보고 사람들을 위해 아침을 준비하기도 한다. 다른 운전자들을 생각하며 한 대쯤은 끼어들 수 있도록 양보한다. 통화를 해야 할 일이 생기면 반드시 식당 밖으로 나가서 한다. 그리고 지독한 감기에 걸리면 직장 동료들에게 옮기지 않으려고 조심한다. 그들은 또한 지금은 거의 사용하지 않아 사라진 재능이나 마찬가지인 재치의 대명사다. 최근에 누군가 재치 있는 사람을 본적이 있는가?

이 불완전한 세상에 지쳐 가는 시민으로서 나는 이 세상을 더 나은 곳으로 만드는 사려 깊은 사람들에게 고마움을 느낀다. 그들은 어떻게 생각할지 모르겠지만 그들이 세상에 나눠 주는 특별한 선물은 분명 인정해 줄 만한 가치가 있다. 우리를 인간이게 하는 점잖은 태도가 필요할수록 새로운 세대가 본받을 수 있는 사려 깊은 사람들이 많이 필요하다.

어느 정도 선한 마음을 가진 사람이라면 누구나 가끔 다른 사람들에게 친절을 베풀 것이다. 좌석이 서로 멀리 떨어진 가족들이 나란히 앉을 수 있도록 비행기에서 자리를 바꿔 주기 위해 꼭 철저한 인도주의자가 될 필요는 없다. 하지만 의식적으로 또는 습관적으로 부탁받지 않아도 먼저 타인에게 도움을 베푸는 사람은 정말 특별한 사람이라고 할 수 있다. 그런 행동이 바로 사려 깊은 사람들의 행동이다.

그런 사람들은 머리가 아니라 가슴에 따라 움직이는 사람들로, 사상가라고까지 할 수는 없지만 그들의 사려 깊은 행동에는 반드시 현명한 사고가 전제된다. 타인을 배려하기 위해 그들은 주변 상황에 관심을 기울이고 타인의 요구를 파악하고 공감의 목소리를 듣고 도울 수 있는 가장 좋은 방법을 찾는다.

자존심을 건드리지 않는 재치

도움 받는 사람들의 자존심을 건드리지 않고 돕는 것이 사려 깊은 행동의 가장 힘든 부분이라고 할 수 있다. 이를 위해서는 충분한 사고와 자애로운 상상력이 필요하다. 유대교 지도자 조셉 텔러슈킨은 자신의 저서 『용기를 주는 말 상처를 주는 말』에서 그런 자질을 가장 잘 보여 주는 사랑하는 삼촌 버니의 이야기를 들려준다.

훌륭한 변호사였던 버니 삼촌은 아버지에게서 가난한 여인의 법률 문제를 살펴봐 달라는 부탁을 받는다. 그리고 이미 자기 사무실에서 기다리고 있던 고객 두 명을 제치고 곧바로 그녀의 이야기를 들어 주었다. 그 여인은 깜짝 놀라 버니 삼촌의 아버지에게 그 이야기를 전했고 버니 삼촌은 나중에 이렇게 말했다.

"돈을 지불하고 저와 만나길 기다리고 있던 고객들은 아주 중요한 사건이 생겨서 제가 그렇게 급하게 그녀를 만나야 한다고 생각했을 겁니다. 그래서 기분 나빠하지도 않았죠. 하지만 다른 고객들과 상담을 마칠 때까지 그녀를 기다리게 했다면 그녀는 제가 자기를 불우이웃으로 생각한다며 굴욕감을 느꼈을 겁니다."

자, 이게 바로 재치다.

타인의 가치 인정하기

사려 깊은 사람들은 다른 사람들이 자신에 대해 좋은 느낌을 갖게 만드는 데서 순수한 기쁨을 느낀다. 타인의 가치를 인정해 주는 사람들의 모습이다. 다른 사람들을 칭찬하면 조만간 그 보답을 받게 될 것이다. 사람들은 자신을 인정해 주는 사람을 좋아할 수밖에 없고 그런 사람들을 자기 삶의 일부로 받아들이고 싶어 한다. 그리고 이는 삶의 질에 큰 영향을 끼치는 사회적 지지의 토대를 강화시킨다. 평범하고 단순한 관심 혹은 자제의 문제일 수도 있지만 사려 깊은 마음은 늘 누군가의 삶의 부담을 덜어 준다.

사려 깊은 태도는 서로 잘 모르는 두 사람 사이의 유대감을 불러일으키기도, 이미 존재하는 유대감을 강화시키기도 한다. 사려 깊은 행동을 함으로써 친구들은 우정이 건재하다는 느낌을 공유하고 그 우정이 지속되고 더 커지기를 바란다. 우리는 하루의 사냥이 끝나고 함께 모여 음식을 나누던 조상들의 유전자를 물려받았다. 또한 친화 욕구를 갖고 태어났다. 다시 말해 우리는 태생적으로 사회적 인간이 될 수밖에 없다. 그렇기 때문에 사려 깊은 행동은 곧 최선을 다해 인간의 유전적 임무를 실행하는 행동이다.

말하기 전에 생각하기

예로부터 강조되었던 '말하기 전에 생각하는' 습관은 지난 수십 년 동안 그 가치를 인정받지 못했다. '말하기 전에 생각하라'는 말에는 자신과 타인 모두에 대한 우려가 담겨 있다.

말하기 전에 생각하는 사람은 말의 힘을 날카롭게 인식하는 사람이다. 그래서 시간과 노력을 투자해 알맞은 단어를 선택하려고 애쓴다. 다른 사람의 기분을 나쁘게 하거나 스스로 웃음거리가 되고 싶은 사람은 없을 것이다. 지금 하려는 말에 대해 몇 초라도 생각해 보는 것이 시간을 투자하는 최고의 방법 중 하나다.

사람들은 보통 지금 하는 말이 미래에 엄청난 영향을 끼칠지도 모른다는 사실을 잊는다. 가장 알맞은 단어를 선택하기 위해서는 침착해야 하고 자신을 통제할 수 있어야 한다. 무의식적으로 튀어나오려는 말과 해야 하는 말을 비교하고 후자를 선택하라. 생각할 시간을 충분히 더 가질 수도 있다. 필요하다면 아직 답변할 준비가 안 되었다고만 말하라. "그 부분에 대해서는 나중에 다시 말씀드리겠습니다"라고 말해도 아무 문제없다.

생각 없이 한 행동의 후폭풍

2009년 1월 14일, 사업차 멤피스에 도착한 제임스 앤드류는 그곳의 인상에 대해 다음과 같은 현명하지 못한 트윗을 남겼다. "고백컨대 지금 나는 '여기서 살아야 하느니 차라리 죽겠다!'고 말할 수 있는 도시들 중 한곳에 있다."

앤드류는 아무 생각 없이 말했을지도 모르나 그 후과는 엄청났다. 그 트윗은 케첨인터랙티브Ketchum Interactive(1923년 설립된 PR 회사로 미국 워싱턴에 본사가 있다. 1990년대 이후 유럽과 아시아 등으로 진출해 전 세계에 스물세 개 지사를 둔 국제 기업으로 성장했다. 코닥, 펩시, 페덱스 등의 주요 기업과 세계경제포럼의 홍보도 맡고 있다—옮긴이)의 간부인 앤드류가 멤피스에서 만나기로 했던 바로 그 고객인 페덱스의 눈에 들어오지 않았다면 금방 잊혔을 것이다. 그러나 페덱스는 그 트윗에 즉각 차분하면서도 혹독한 비난을 퍼부었고 필요 이상으로 훈계하는 태도를 보였다.

앤드류는 페덱스와 멤피스 모두에 대한 존중심을 보여 주지 못했다고 질책을 받았다. 그리고 페덱스가 자기 회사의 주요 고객이며 케첨의 서비스 없이도 매우 잘 돌아갈 수 있는 회사라는 사실을 깨달았다.

앤드류는 자신의 블로그를 통해 그 트윗은 도시 전체에 대한 평가도 아니었고 전후 사정도 생략한 트윗이었다고 말하며 사과했다. 정확히 말하자면 그 트윗은 너그럽지 못했던 한 멤피스 주민의 불쾌한 태도에 대한 그의 반응이었다. 하지만 이미 피해는 돌이킬 수 없었다. 인터넷은 생각 없는 소셜 미디어 사용에 대한 경계로 떠들썩했다. 앤드류는 그 상황에 필요했던 만큼 생각이 깊지도 타인을 배려하지도 못한 점 때문에 곤란한 상황에 처했다. 그는 주민 한 사람의 편협함으로 멤피스라는 도시 전체를 기소했다. 그리고 디지털 시대의 삶이 그렇듯 일단 트윗에 올려 공개된 말이 다시 돌아와 자기에게 해를 끼칠 수 있다는 사실을 고려하지 못했다. 몇 달이 채 지나기 전에 앤드류는 케첨의 부사장직에서 물러나 직접 컨설팅 회사를 차려야 했다.

나는 가끔 직장에서의 부적절한 태도가 인간의 고통은 물론 금전적인 부분에서 어떤 결과를 초래할 수 있는지 병원 관계자들 앞에서 강연을 한다. 강연을 하면서 내 의견을 확실히 전달하기 위해 생각해낸 이야기가 하나 있다. 비록 실화는 아니지만 병원에서 충분히 일어날 수 있는 부적절한 상호작용과 그 결과에 대한 이야기이다. 어쩌면 지금까지 전 세계의 많은 병원에서 수없이 일어났던 일일 것이고 지금 이 순간에도 어느 병원에선가 그와 비슷한 일이 일어나고 있을지도 모른다. 바로 의사 X와 의사 Y 그리고 생각 없는 발언의 영향력에 관한 이야기이다.

의사 X의 젊은 인턴이었던 Y가 간단한 치료를 받고 있는 환자에 대한 처치 지시를 제대로 따르지 않자 X는 다른 환자 세 명 앞에서 Y에게 화를 냈다. 환자 A, B, C와 간호사 몇 명이 눈살을 찌푸렸다. 처치를 빠뜨린 것은 분명 잘못이지만 그렇다고 세상이 끝날 만큼 중대한 문제도 아니었다. X박사의 반응은 과도한 듯했고 타이밍도 X박사 자신에게 불리했다. 그는 젊은 인턴 Y를 심하게 비난하기 전에 잠시 생각하지 못한 것을 즉시 후회했다. 하지만 이미 일은 벌어졌고 많은 사람들이 그 영향을 받았다.

첫째, 환자 A가 Y의 능력을 의심하기 시작한다. Y는 좋은 의사가 아니기 때문에 그런 취급을 당하는 거라고 A는 생각한다.

둘째, 환자 B는 더 경험 많은 X가 젊은 인턴 Y를 배려하지 않았다는 사실에 충격을 받는다. X는 사적인 자리에서 자신의 불쾌한 감정을 표현했어야 했다. 의사의 인간관계 능력이 그의 치료 능력을 대변한다고 생각하는 환자 B는 X가 훌륭한 의사인지 의심하기 시작한다.

셋째, 환자 C는 그 사건을 의사 X와 Y에 국한된 문제로만 바라보지 않는다. 병원 자체에 대한 환자 C의 신뢰가 흔들리기 시작한다. 의사들이 그처럼 비전문적인 행동을 보이는 병원에 자신의 건강을 맡기는 것이 과연 현명한 행동인가? 이 병원에는 이 문제 말고 또 다른 문제도 있지 않을까? 환자 C는 병원 자체를 믿지 못하게 된다.

넷째, 젊은 인턴 Y가 X에게 크게 혼난 직후에 진찰한 환자 D가 있다. Y는 너무 화가 난 나머지 환자 D의 상태를 제대로 관찰하지 못했고 그래서 그에게 필요한 적절한 조치를 취하지 못했다. 하지만 다행스럽게도 옆에 있던 유능한 간호사 덕분에 결국 필요한 조치를 받을 수 있었다.

마지막으로 그 사건으로 인해 Y는 X를 피하게 되고 두 사람의 관계는 어색해진다. Y는 여전히 X의 인턴이지만 예전처럼 집중해서 자신의 임무를 다하지 않는다. 병례검토회에서 한마디 말도 하지 않거나 어려운 환자를 다룰 때에도 예전처럼 X의 의견을 구하지 않는다. 그리고 몇 주 후, 그 지역의 다른 병원 몇 군데에 이력서를 보낸다.

어떻게 봐도 그 사건은 결국 엄청난 결과를 초래했다. X가 Y에게 여전히 그를 배려하고 있다는 사실을 보여 주는 어떤 행동도 취하지 않는 것 역시 문제의 일부다. X가 만약 사과를 하고 관계를 회복하려는 노력을 했다면 결과가 달라질 수 있었을까? 어쩌면 그랬을지도 모른다. Y는 약간의 도움을 받으면 제 실력을 발휘할 수 있는 훌륭한 의사였을까? 그 병원은 훌륭한 의사가 될 수 있는 인재 한 명을 잃은 것일까? 결코 알 수 없다.

관계 맺기의 능력자가 되려면

말하기 전에 혹은 이메일을 보내거나 블로그나 트윗에 글을 올리고 문자 메시지를 보내기 전에 반드시 생각해야 하는 중요한 이유 다섯 가지가 있다.

- 충동에 휩쓸리지 않기 위해서다. 충분히 생각한 후 말함으로써 뜻하지 않은 말이나 후회할 말을 하지 않을 수 있다. 지금 하려는 말이 무슨 뜻인지 생각해 보라. 그리고 입 밖으로 꺼내기 전에 다음 질문을 던져라. '이 말 대신 할 수 있거나 해야 하는 더 나은 말이 있는가?'

- 하고 있는 말에 확신을 갖고 자신은 물론 타인을 존중하기 위해서다. 지금 하고 있는 상호작용이 당신에게 중요하다는 것을 보여줌으로써 상대방에게 존중받고 있다는 느낌을 전달하고 자신에 대한 좋은 인상을 남길 수 있다.
- 명확한 의사 전달을 위해서다. 마음을 정리하고 하고 싶은 말을 가장 잘 전달할 수 있는 말을 선택한다. 이는 상대방을 배려하는 행동이기도 하다. 상대방에게 알맞은 말을 선택함으로써 오해를 피하고 설득력을 높이며 더 오래 기억될 수 있다.
- 가장 적절한 말을 하기 위해서다. 당신의 말이 무심코 타인의 감정을 해칠 가능성을 줄일 수 있다.
- 충분히 준비된 자세로 침착하게 대화하기 위해서다. 대화의 속도를 조절하면 진지해지고 진지한 대화에는 힘이 실린다. 상대방도 진지하게 당신의 말을 경청할 것이다. 상대방이 당신의 진지한 태도를 느끼면 상호작용의 질이 높아진다. 그 대화가 당신에게 중요하다는 것을 보여 주면 상대방 또한 자신이 존중받고 있다고 느낀다.

말하기 전에 생각하는 시간은 단 몇 초면 충분할 때가 대부분이다. 이는 시간을 투자하는 가장 좋은 방법 중 하나다. 이는 사소한 말 몇 마디의 문제가 아니라 동료 인간들과 관계를 맺을 수 있는 능력에 관한 문제다.

무슨 말이든 하려 드는 그릇된 충동

분노, 시간 없음, 자존감 부족, 상대에 대한 배려 부족, 흥분, 부주의, 피로, 게으름 그리고 대화 도중 어색한 침묵의 순간을 없애야 한다는 느낌 등이 대화를 충동적으로 만드는 흔한 요소들이다. 자만심과 자기도취 역시 도움이 되지 않는다. 자만심과 자기도취는 자기 역할이 너무 중요해서 준비가 되지 않았거나 중요하게 할 말이 없을 때도 무슨 말이든 해야 한다고 생각하게 만든다. 그래서 결국 쓸데없는 말을 내뱉거나 바보 같은 행동을 하게 만든다.

필요 이상으로 상처 주는 말들

11장에서 소개한 크리스티 토리바라는 10대 아들 크레이그가 자살한 후 그가 다녔던 학교 친구들이나 자기 직장 동료들이 생각 없이 내뱉은 가슴 아픈 말들에 큰 충격을 받았다.

크레이그가 소속되어 있던 축구 팀 친구들 몇몇은 크레이그가 축구 선수와 음악가일 뿐이었으니 죽어도 괜찮다고 농담을 했고, 장례식을 끝내고 출근했을 때 한 직장 동료는 그녀와 비슷한 일을 겪은 후 자기 부모는 이혼하고 가족이 뿔뿔이 흩어졌다고 말했다. 크레이그는 분명 마약이나 술에 중독되어서 그랬을 것이라고 불쑥 내뱉은 사람도 있었다. 토리바라 가족이 10대들의 죽음을 막기 위한 비영리 단체 스마일을 설립한 후 크레이그가 다녔던 학교의 상담 선생은 크리스티에게 이렇게 말했다. "부인, 아들이 죽어서 정말 다행이에요. 그 덕분에 이렇게 좋은 일이 생겼잖아요!"

이 잔인한 발언은 우리에게 말하기 전에 말의 내용뿐만 아니라 전달하고자 하는 내용을 담을 형식 또한 미리 고민해야 한다는 사실을 일깨워 준다. 그런 상황에서 상담 선생이 뭐라고 말해야 했는지는 누구나 쉽게 대답할 수 있을 것이다. 예를 들면 다음과 같다. "토리바라 부인, 부인께서 이 비극을 어떻게 이겨 내고 있는지 감히 짐작할 수 있을지 모르겠지만 부인과 스마일이 하는 멋진 일에서 조금이라도 위안을 찾으시길 바랍니다."

다시 주워 담고 싶은 엄청난 말실수를 했을 때 사람들은 보통 "한 번 뱉은 말은 주워 담을 수 없다"는 호라티우스의 그 유명한 말을 떠올린다. 하지만 라틴어에서 온 그 지혜로운 한 마디는 그만큼 심각하지 않은 발언에도 당연히 유효하다. 처음 만난 사람 앞에서 우리는 방금 한 말이 전부 깊이도 없고 목적도 없으며 상대방과 자기 자신 모두에게 흥미도 없는 말이라는 사실을 5분 만에 깨닫는다.

말하기 전에 적절한 말을 선택하기 위해, 다시 말해 듣기 좋은 말이 아니라 정확하고 확실한 말을 하기 위해 고민하지 않는 이유는 무엇인가? 우리는 좋은 첫 인상을 남길 수 있는 기회를 가차 없이 날려버린다.

사람들은 말하는 방식으로 자신의 정체성과 개인의 역사를 확인한다. 자존감이 부족한 사람은 자신의 생각이 그렇게 중요하지 않다고 생각한다. 그래서 생각할 의지도, 그 생각을 타인에게 전달할 의지도 별로 없다. 이는 생각하는 근육을 위축시킨다.

자신이 부적절한 말을 하고 있다는 자각은 자성 예언과 마찬가지다. 평범한 모습을 들킬지도 모른다는 두려움 때문에 우리는 그다지 훌륭하지 못한 행동을 하게 되고 자신에 대해 만족하지 못하게 되며, 언제라도 다가올 작은 시련조차 자신 있게 헤쳐 나가지 못한다.

스스로든 타인의 도움을 받아서든 자신감을 쌓기 위해 노력하라. 노래에 멜로디가 있는 것처럼 대화에도 뉘앙스가 있다. 적절한 단어로 대화하는 것이 정확한 음정으로 노래하는 것만큼 즐거운 일이다. 그런 대화의 빈도가 높아질수록 성공의 가능성 또한 높아진다.

계단에서 떠오르는 위트

엉뚱한 말을 하는 것과 올바른 말을 하지 못하는 것 중 어떤 것이 더 안 좋을까? 부적절한 혹은 창피하거나 잘못된 말을 내뱉은 후에 더 속이 상하는가 아니면 그 상황에 꼭 필요한 말을 찾지 못했을 때 더 속이 상하는가? 12장에서 나는 의도적으로 전자에 더 초점을 맞췄지만 후자 또한 주의해야 한다.

누구나 기발한 대꾸가 필요한 바로 그 순간에 할 말을 찾지 못해 쩔쩔맸던 경험이 있을 것이다. 프랑스의 철학자 드니 디드로는 이를 "계단에서 떠오르는 위트"라고 말했다. 기발한 대꾸는 꼭 필요할 때 떠오르는 것이 아니라 파티가 끝나고 집으로 가기 위해 계단을 내려올 때 떠오른다는 것이다.

마디 그로스는 다양한 시대와 문화에서 수집한 재치를 담은 자신의 책 『비바 라 레파티 *Viva la Repartee*』를 '역사상 가장 위대한 말재주 모음집일 것'이라고 말했다.

유명한 정치 라이벌이었던 존 몬테규(샌드위치 백작 4세)와 개혁가 존 윌크스가 나눈 대화를 예로 들어 보자.

"열띤 논쟁을 하던 중 몬테규는 윌크스를 노려보며 우롱하듯 이렇게 말했다. '맹세컨대 윌크스여, 나는 그대가 교수대 위에서 죽을지 매독 때문에 죽을지 모르겠소.' …… 이에 윌크스는 조금도 냉정을 잃지 않고 이렇게 말했다. '백작이여, 그것은 내가 그대의 원칙을 받아들일지 당신의 정부를 품을지에 달려 있을 것이오.' 아직도 많은 사람들이 윌크스의 이 말을 역사상 가장 재치 있는 대꾸로 기억한다."

그 상황에서 그처럼 기발하고 영리한 말이 재깍 떠올랐다는 사실은 놀랍기만 하다. 하지만 대부분의 사람들에게는 어떤 상황에서든 간결하고 분명한 태도를 보이는 것만으로도 충분할 것이다.

자기 의심의 구렁텅이

자신의 말이 타인에게 끼치는 영향을 고려하는 것도 훌륭한 일이지만 그 말이 자기 자신에게 끼치는 영향 또한 무시해서는 안 된다. 너무 많은 사람들이 비판적인 자기 대화의 선수들이다! 당신은 자신이 단점과 실수, 실패만 찾으려는 사람인가? 어쩌면 '넌 제대로 하는 게 하나도 없잖아' '넌 혐오스러울 정도로 뚱뚱해' '널 사랑해 줄 사람이 과연 있겠어?' '넌 절대 성공 못 해'와 같은 말을 달고 살며 습관적으로 자신을 학대하고 의심하는 사람일지도 모른다. 그렇다면 결코 성공하지 못할 것이라고 말함으로써 이미 실패에 절반은 다가간 셈이다. 이와 같은 부정적인 자기 대화에 빠져들지 마라. 자신감을 키워 주는 말을 하라. 지금까지 이룬 것을 보고 자신의 장점이 무엇인지 생각하는 시간을 가져라.

하지만 패배적인 자기 의심의 구렁텅이에 빠지면 한순간도 지체하지 말고 혼자서든 도움을 받아서든 거기서 빠져나와라.

사려 깊은 리더

권위를 토대로 한 경영 시스템이 힘을 잃으면 의사소통에 기반한 경영 시스템이 그 자리를 대신해야 한다. 우리는 역사적으로 바로 그 시점에 와 있다. 아직 완전히 사라지지는 않았지만 왕년의 독재자 같은 상사는 이제 멸종 위기에 처해 있다. 오늘날의 리더는 관리자라기보다는 함께 일하되 가장 앞장서는 사람이라고 할 수 있다. 어떤 일이 왜 필요한지 알려주고 그 일을 해결하는 데 필요한 일을 요청하는 사람이다. 직원들 개개인에게는 정체성이 존재하며(예를 들면 성별과 인종) 이를 존중하고 배려해야 한다는 인식 또한 생겨나고 있다. 그런 인식에 따라 기업은 직원들 개개인이 일과 삶의 균형을 찾을 수 있도록 도와야 한다.

이런 발전은 시민 평등권 운동과 함께 꽃핀 평등, 공정함 그리고 다양성과 같은 새로운 감성의 결과다. 하지만 여기서 중요한 것은 이끌고 관리하던 경영 방식을 대신해 직원들을 한 개인으로 포용하고 설득하고 인정하며 그의 삶 전반에 관심을 기울이는 경영 방식이 요구되는 시대일수록 의사소통 능력이 출중한 새로운 리더가 필요하다는 것이다.

오늘날 리더는 완전히 새로운 사고방식에 익숙해져야 한다. 당신이 만약 리더라면 어느 때보다도 마음이 경제 행위의 주체가 되고 모든 사람들이 미래에 대해 걱정하는 지금 이 시대에 직원들이 당신의 말에 엄청난 관심을 기울이고 있다는 사실을 알 것이다. 생각하고 말하는 습관은 직장에서도 필요하지만 생활 전반에서 몸에 익혀야 한다.

솔직하고 정직하게 말하라. 최대한 긍정적이고 희망적인 단어를 사용하되 현실 또한 직시하라. 충분한 정보를 갖춘 믿음직하고 낙관적인 리더는 직장의 사기, 건강, 생산성에 도움되지 않는 부정적인 소문을 없앨 수 있다. 말하기 전에 생각하라. 언제나 그래야 한다. 그리고 규칙적으로 자신을 돌아보라. 타인을 배려하는 의사소통 능력은 자신은 물론 자신이 몸담고 있는 조직에도 소중한 자산이 될 것이다.

마지막으로 한마디만 더 하겠다.

"어떤 상황에서든 이렇게 자문하라. '이 말을 혹은 이 행동을 반드시 해야 하는가?' 이 질문을 통해 불필요한 행동을 줄일 수 있을 뿐만 아니라 불필요한 행동을 불러오는 쓸모없는 생각 또한 줄일 수 있을 것이다."

1장에서 언급했던 마르쿠스 아우렐리우스의 말이다. 지금 하려는 말과 행동이 반드시 필요한지 생각해 보는 습관을 들여라. 훌륭한 삶을 추구하고 싶다면 그와 같은 실존주의적 방침을 받아들이는 것보다 더 효과적인 방법은 없다. 결국 행동하기 전에 생각해야 하는 이유와 말하기 전에 생각해야 하는 이유는 다르지 않다. 삶은 중요하다. 그렇기 때문에 진지하게 받아들여야 한다.

삶을 중요하게 여긴다면 생각하는 삶을 선택하라. 말하기 전에 생각하는 것은 올바른 행동일 뿐만 아니라 몹시 유용한 행동이기도 하다.

◆ tip

- 당신은 '생각이 깊은' 편인가 '타인에 대한 배려심이 많은' 편인가?
- 배려심이 많은 것이 당신의 장점이라면 전반적인 사고 능력은 어떻게 향상시킬 것인가?
- 반대로 생각이 깊은 사람이라면 어떻게 배려심을 키울 수 있을 것인가?
- 당신은 타인의 가치를 인정해 주는 사람인가? 만약 그렇다면 그럴 수 있었던 비결은 무엇인가?
- 당신은 사려 깊은 리더인가? 어떤 면에서 그렇다고 생각하는지 몇 가지 예를 들어 보라.
- 당신은 말하기 전에 충분히 생각하는 사람인가? 1부터 10까지의 점수 중(10점이 최고점이다) 몇 점이나 된다고 생각하는가?

에필로그

우리는 생각의 산물이다

창조의 세계에서 살기 위해, 그 세계로 진입해 살아남기 위해, 빈번히 드나들기 위해, 열정적이고 알차게 사고하기 위해, 깊이 있고 지속적인 집중과 명상으로 조화롭고 영감 가득한 존재가 되기 위해, 해야 할 일은 오직······.

-헨리 제임스

진지한 사고의 중요성을 인식하지 못하고 살아가는 것 혹은 이를 위해 시간을 들여 노력하지 않는 것은 곧 행복할 수 있는 기회를 잃는 것이다. 안타깝게도 지금과 같은 산만한 시대에는 많은 사람들의 운명이 이와 다르지 않다.

깊이 없고 불충분한 사고는 다음과 같은 결과를 초래한다.

- 중요한 사람들과의 관계를 망친다.
- 직장에서의 업무 능률을 떨어뜨려 성공을 방해한다.
- 삶의 갈림길에서 준비되지 않은 채로 미래를 좌우할 결정을 내리게 한다.
- 역경이 닥쳤을 때 적절히 대처하지 못하게 한다.
- 행동의 결과를 고려하지 못하게 함으로써 삶의 행복 또는 삶 자체를 위협한다.
- 자신의 장점을 인식하거나 잘 살리지 못하게 함으로써 행복을 성취할 수 있는 능력을 방해한다.

그렇다면 문제는 하찮은 일로 삶의 수렁에 빠지지 않도록 현명해지는 것이며, 이를 위해 진지하게 사고할 수 있는 시간을 확보하는 것이다.

진지한 사고를 통해 다음과 같은 결과를 얻을 수 있다.

- 타인의 요구를 인식해 그들과 조화로운 관계를 맺을 수 있게 한다. 공감도 사고의 한 형태다.
- 업무 생산성을 높인다. 진지한 사고는 훌륭한 팀워크, 지속적인 집중력, 창의성 그리고 뛰어난 리더십을 가능하게 한다.
- 더 나은 미래를 그릴 수 있게 한다. 여기서 결정적인 요소는 바로 주도적인 태도다.
- 크고 작은 불행한 사건의 영향력을 줄일 수 있다. 미리 마음을 단련시켜 놓으면 불행이 닥칠 때 큰 도움을 받을 수 있다.
- 충동적인 선택의 부정적인 결과로 괴로워하지 않게 해준다.
- 약점을 파악해 이를 보완할 수 있게 하고 장점을 파악해 이를 극대화할 수 있게 해준다.

나는 이 책에서 산만함의 시대에 간과되고 있는 삶의 대안을 제시했다. 그 대안은 바로 생각하는 삶이다. 생각하는 삶은 진지한 사고를 삶의 중심에 놓음으로써 충만해지는 삶이다.

'삶'이라는 단어에는 다양한 뜻이 내포되어 있다. 살아 있는 상태를 뜻할 수도 있고 이 지구에서 지내는 우리의 시간을 뜻할 수도 있다. 동물도 살고 식물도 산다. 결국 이 행성에는 삶이 가득하다. 그리고 살아 있는 모든 유기체는 서로의 삶에 영향을 끼친다.

삶이라는 단어를 어떤 의미로 사용하든 변하지 않는 한 가지가 있다. 바로 삶은 중요하다는 것이다. 삶이 중요하다는 그 개념이 바로 이 책에 담긴 핵심 내용의 뿌리다. 삶은 신의 창작품이기 때문에 중요하다고 생각하는 사람도 있을 것이고, 더 세속적인 관점으로 보자면 모든 인간이 지구상에서 견뎌야 할 슬픔인가 동시에 일상을 밝혀 주는 기쁨이기 때문에 중요하다고 생각하는 사람도 있을 것이다.

많은 사람들이 삶을 소중히 여기는 또 하나의 이유는 어쩌면 삶은 유한하다는 사실을 너무나도 잘 알고 있기 때문인지도 모른다. 우리는 해가 지기 전에 르네상스 시대 성당을 순례하며 위대한 미술 작품을 감상해야 하는 관광객들과 마찬가지다. 우리는 다시 어둠이 내리기 전에 짧지만 달콤한 빛의 향연을 즐겨야 한다. 어둠이 빛을 소중하게 만들 듯 연약하고 유한한 운명이 빛나는 태양의 시간을 더 가치 있게 만든다.

    삶이 중요하다고 생각하는가? 그렇다면 생각하는 삶을 위해 헌신해야 한다. 생각하는 삶은 행복이 꽃피는 멋진 삶을 위한 지름길이기도 하다.

KI신서 4589

생각하며 산다는 것

1판 1쇄 인쇄 2012년 12월 18일
1판 1쇄 발행 2012년 12월 31일

지은이 P. M. 포르니 **옮긴이** 임현경
펴낸이 김영곤 **펴낸곳** (주)북이십일 21세기북스
부사장 임병주
MC기획4실장 주명석 **해외기획** 정영주 조민정
편집팀장 김상수 **책임편집** 윤홍 **디자인 표지** 씨디자인 **본문** 정란
마케팅영업본부장 최창규
출판마케팅2팀 민안기 김다영 김해나 이은혜 **영업** 이경희 정병철 정경원
출판등록 2000년 5월 6일 제10-1965호
주소 (우413-120) 경기도 파주시 회동길 201(문발동)
대표전화 031-955-2100 **팩스** 031-955-2151 **이메일** book21@book21.co.kr
홈페이지 www.book21.com **트위터** @21cbook **블로그** b.book21.com

ISBN 978-89-509-4546-6 13320
책값은 뒤표지에 있습니다.

이 책 내용의 일부 또는 전부를 재사용하려면 반드시 (주)북이십일의 동의를 얻어야 합니다.
잘못 만들어진 책은 구입하신 서점에서 교환해 드립니다.